Heiner Boehncke/Rolf Johannsmeier

Das Buch der Vaganten
Spieler, Huren, Leutbetrüger

Heiner Boehncke/Rolf Johannsmeier
Das Buch der Vaganten
Spieler, Huren, Leutbetrüger
Mitarbeit: Robert Jütte
Wir danken Klaus Bergmann und Burkhard Straßmann
© *1987*
Prometh Verlag Kommanditgesellschaft, Köln
Alle Rechte vorbehalten
Nachdruck — auch auszugsweise —
nur mit Genehmigung des Verlages
Umschlagentwurf und Gestaltung: Vilis Klavin
Druck: Caro Druck GmbH, Frankfurt
Printed in Germany 1987

ISBN 3-922009-83-2

Inhalt

Rolf Johannsmeier 7
Die Angst vor den Armen
Bettlerszenen vom Oberrhein

Heiner Boehncke 43
Die Austreibung der Fahrenden
Geschichten eines Gaunerbuchs

Liber vagatorum 79

Verwandte Texte 105
Das Windschiff aus Schlaraffenland 105
Tyl Ulenspiegel, Leutbetrüger 109
Gusman von Alfarche oder Picaro genannt 115

Robert Jütte 117
Der Prototyp eines Vaganten
Hans von Straßburg

»Bei der Folter aufgezogen...« 129
Das Geständnis eines Scharlatans

Robert Jütte 133
Rotwelsch
Die Sprache der Bettler und Gauner

Auswahlbibliographie 144
Bildnachweis 144

Die Angst vor den Armen

Bettlerszenen vom Oberrhein

✻

»Da schwappen die Bäuche und Wänste der großen Stiftsherren und ihrer Damen über vor Würsten und Backwerk, das Haupt ist ihnen schwer ob der Pfründe, die sich auf ihm häufen, und die goldenen Ketten beugen ihnen den Nacken: und doch sind sie es, die von den Schmeichlern an die vollen Tafeln geladen werden ...«

Als Johannes Geiler von Kaysersberg, Domprediger in Straßburg, in der Kathedrale Unserer Lieben Frau, am Sonntagmorgen des Jahres 1510 seine Stimme erhebt, antwortet ihm ein bußfertiges, bereitwilliges, tausendköpfiges Schweigen. Die Händler und Handwerker haben den, der sie da von der Kanzel aus so wortgewaltig beschimpft, selbst ins Amt gewählt und gekauft. Doktor Johannes Geiler ist einer der bekannten und fähigen Köpfe des deutschen Humanismus, der gar persönlichen Schriftwechsel mit Herrn Jean Gerson in Paris führt. Ein berühmter Gelehrter, der seine Bücher nicht mehr selbst schreiben, sondern nur noch die Mitschriften seiner Predigten, von eifrigen Jüngern und Schülern gefertigt, gegenzeichnen müßte. Der trotz vieler Angebote ins Ausland es vorgezogen hat, in Straßburg zu bleiben. Er vergoldet die oberrheinische Handelsmetropole mit dem Glanz seiner gewaltigen Predigten, schmückt sie mit einem beständigen Gelehrtendiskurs; die leuchtenden Geister der Zeit sind seine Gesprächspartner: Nicolaus Cusanus und Thomas Murner, Erasmus von Rotterdam und Sebastian Brant. So verleiht er der Stadt des Marktes den Lorbeer der Künste und Wissenschaften.

Geiler stellt eine Institution dar, die es Anfang des 15. Jahrhunderts eigentlich schon nicht mehr gibt: Er ist eine Autorität. Alles Schwatzen, Flüstern und Lachen im großen Dom zu Straßburg — über die neuesten Schnabelschuhe und die Größe der Hauptlöcher bei den Busenausschnitten der Damen, über die letzten Liebschaften oder die steigenden Tuchpreise, die neuesten Witze oder über die nicht erfolglosen Versuche des Nachbarn in der Kirchenbank, seiner Nachbarin gar zärtlich die Tilten zu greifen — erstirbt, wenn der gewaltige Doktor in die Kanzel steigt. Er vollbringt, was Diakone, Subdiakone und Priester in Liturgie und Gottesdienst vorher nicht auszurichten vermögen: Er versammelt die feilschenden Händler und zotenreißenden Handwerker zur andächtigen Gemeinde. Der strafpredigende Gelehrte in der Kanzel scheut keine Gewalttätigkeit des Wortes: Die überschwappenden »Wänste und Bäuche der Stiftsherren und ihrer Damen« tragen vor Scham rot angelaufene Köpfe. Geiler findet nicht nur deftige und deutliche Worte dafür, daß die deutschen städtischen Oberschichten in schierem Fett dem ästhetischen Ideal der kultivierten italienischen Renaissance hinterherwanken, ‚ungebildet, vollgefressen und besoffen'. Er übt auch heftige Kritik an einer zugespitzten Zweiteilung der Gesellschaft. Die in den Städten gerade gewonnenen Freiheiten stehen auf dem Spiel.

Der Humanist Johannes Geiler erlaubt sich, die direkte Sprache des Hauptschiffes, der Handwerker und Zünfte, zu sprechen, als er die Reichen im Chor angreift: Die Nacken der überfütterten Handelsbürger biegen sich unter dem Gewicht der Ämter, Pfründe und Privilegien. »Und doch sind sie es, die von den Schmeichlern an die vollen Tafeln geladen werden. Aber den armen Mann läßt man draußen. Daß man ihm sagen möchte: Wenn dir der Reiche nicht von sich aus gibt, mußt du zu ihm gehen und dir holen, was du brauchst.«

Das ist fast ein Aufruf zur Revolte — noch im Konjunktiv gehalten: »Daß man [dem armen Mann] sagen möchte«. Er wird eine subtile rhetorische Figur, die im scheinbar aufrührerischen Appell einen eindringlich reformerischen Appell an die Reichen versteckt: Wenn ihr nicht Abhilfe schafft, wird die Revolte unvermeidlich über euch hereinbrechen.

Was sind die Ursachen? Geiler deutet sie in seiner Predigt an: »Den armen Mann läßt man draußen...« — das ist allegorisch und wortwörtlich gemeint. Denn draußen, vor der Kirchentür, vor den Stadttoren, in der Vorstadt, und in einem beständigen Strom auf den Wegen und Straßen des Landes lebt und hungert der arme Mann so vielzählig, vielfältig und unübersichtlich, daß er die zerbrechliche Ordnung und Festigkeit der Städte zu zersprengen droht: Eine gewaltige Flut der Armut, die die städtischen Inseln überschwemmt. Die Städte sind aber in dieser Zeit der einzige Ort, wo Ordnung und Festigkeit noch zu finden sind.

An der Wende vom Mittelalter zur Neuzeit ist die Welt aus den Fugen, ein Schiff, das, wie nicht wenige glauben, nur noch dem Untergang zusteuern kann. Ein ‚Schiff voller Narren', das Sebastian Brant einleuchtend in seinem Versepos »Das Narrenschiff« entwirft. Die Welt wird von dem Menschen selbst aus den Angeln gehoben. Die Sintflut der Armen ist Herrn Geiler ein deutliches Zeichen dafür.

★

Arme gab es schon immer. In den großen alten Zeiten, deren angeblich so klare Verhältnisse alle die, die an der Sittenlosigkeit und dem Chaos ihrer Gegenwart verzweifeln, zurückwünschen, standen die Armen unter dem besonderen Schutz des Kaisers. Der große und sagenumwobene Karl der Große, der Begründer des römischen Reiches deutscher Nation, das jetzt so darniederliegt und, nicht mehr als ein Haufen zerpflückter Rechtsbriefe und Privilegien, kaum noch auf dem Papier besteht, nahm seinerzeit die Schwachen oder Armen, unter seinen besonderen Schutz: In den »Capitularia missorum specialia« versprach er den Kirchen, Witwen und »minus potentes« oder »pauperes«, den Schwachen oder Armen, sein »mundiburdium«, seinen persönlichen Schutz.

Er befreite sie, leibeigene Bauern und Landarbeiter, aus der Gerichtsbarkeit seiner eigenen Beamten, der »vasalli«, die für Geschenke und Bestechungsgelder jedes Urteil auf Bestellung lieferten, und unterstellte sie direkt der Rechtsprechung durch die großen, reichen unabhängigen Bischöfe, Äbte und Herzöge. Das war seine Idee: der großfeudale Patron, der »potens«, der Mächtige gewährt dem Heer der »pauperes«, der Armen, auf deren leibeigener Ausbeutung nicht zuletzt seine Macht beruht, die Sicherheit, nicht zu verhungern, den Schutz ihres Landes vor Verwüstung und Raub.

Er schützte ihre wenigen Privilegien gegen die vielen kleinen Patrone, die die Rechte der Armen mit Füßen traten. Die Armen, das Heer der Schutzbedürftigen, aber auch die zu Diensten verpflichteten kleinen Bauern waren das Salz der Erde. Kaiser Karl schätzte und würdigte das. In dem umfangreichen Kanon der Gesetze und Verordnungen, die er dem Reich schreibt, klingt die Bezeichnung »pauper« fast wie ein Ehrentitel. Es liegt auf der Hand, daß es sich oft nur um Schönfärberei einer grausamen Ausbeuterwirklichkeit handelt.

Vor der karolingischen Rechtsreform waren die gleichen leibeigenen Armen noch »servi« genannt worden: Sklaven. Der kaiserliche Rechtsschutz bewahrte sie nicht vor Kriegsdienst und härtesten Abgaben. Der Schutz der Schutzlosen blieb außerdem oft ein frommer Wunsch auf dem Papier, den die Vasallen vor Ort noch nicht einmal zur Kenntnis nehmen mußten.

Aber jetzt, siebenhundert Jahre später, wissen die Bauern davon nichts mehr. Geblieben ist der Glanz eines großen Kaisers. Die Bauern wünschen sich — statt eines schwachen Maximilian, der den Herren in Stadt und Land nach dem Mund redet — einen starken Karl, der sie vor dem Exodus aus der Heimat beschützt. Ihre »paupertas« ist siebenhundert Jahre nach dem großen Kaiser und dem großen Reich kein Ehrentitel mehr. Sie wird ihnen zum Verhängnis: Hunderttausende werden land- und hauslos und liegen auf der Straße. Der ‚arme Mann' duldet nicht mehr willfährig auf der kleinen Scholle — er hat keine Scholle mehr und ‚streicht über Land'. Er ist Landstreicher geworden und drängt in die sauberen Städte. Da wird er den neuen Patronen, den reichen Bürgern der Handelsmetropole gefährlich und aussätzig. Die ‚neue Pest'.

★

Am Ende des Mittelalters ist — zweihundert Jahre nach der politischen und ökonomischen Offensive der Städte — die alte feudale Ordnung, die der große Karolinger vor mehr als einem halben Jahrtausend wie für die Ewigkeit entworfen hatte, nicht mehr zu halten. Nicht allein Moralisten und humanistische Zeitkritiker wünschen die alten Hoch-Zeiten mit einem starken Kaiser an der Spitze zurück. Am Vorabend der großen Bauernrevolution pochen auch die unruhigen Armen auf dem Land auf ehemalige von Kaiser und König verliehene Privilegien. Alle wünschen sich die gute alte Zeit zurück.

Die da über Land streichen, hauslos, landlos, arbeitslos — frei von allem, was Besitz heißt und wenigstens das Nötigste fürs tägliche Überleben abwirft — die in die Vorstädte und Städte, in die heimlichen Zonen der Märkte und auf den Bettler-Strich vor den Kathedralen drängen, sind die letzte Generation: Die Nachfahren der kleinen Leute, die Karl der Große einmal so ehrenvoll »meine Armen« genannt hatte. Sie verfügen nicht einmal mehr über das, was jene noch hatten: ein Stück eigenes Land. Die weise gedachte Regelung des Karolingers, die großen Herren zu den Richtern der kleinen Leute zu machen, hat sich am Ende des Mittelalters als fataler

Trugschluß erwiesen. Denn die Äbte, Bischöfe und Herzöge sind, mit der neuen Aristokratie der Kaufleute und der Patrizier verglichen, keine Großen mehr. Das Handelskapital bestimmt den Markt für ländliche Produkte. Die Stadt bestimmt die Preise. Städter begründen Wirtschaftsimperien, die Währungen und Waren in ganz Europa kontrollieren. In den Städten Italiens wachsen Republiken und absolutistische Staaten, in denen Kunst, Wissenschaft und Literatur geradezu explodieren. Die Zivilisation macht dort einen solchen Sprung nach vorne, daß eine Begegnung zwischen einem kleinen Mann aus Venedig und einem Landherren aus Deutschland zur Konfrontation zwischen Kultur und Wildnis wird.

Der deutsche Kaiser kann seit Generationen nur noch regieren, wenn er sich von städtischen Bürgerbankiers finanzieren läßt. Eine Stadt wie Straßburg verkauft ihre Bürgerrechte an landadelige Ausbürger zu hohen Preisen. So gewinnt sie, mit kommunalen Geldmitteln und mit dem Reichtum der privaten Patrizierhaushalte, einen großen Teil der Ländereien im Elsaß. Abgewirtschaftete landadelige Besitze werden billig eingekauft und großflächig und rationell modernisiert. Der Adel der Region, des Landes und des Kontinents kämpft ums Überleben. Dabei sind ihm alle Mittel recht. Weil er schwach ist, kann er sich nur noch bei den Schwachen bereichern. Die alte Gerichtsordnung kommt ihm dabei zupaß: »Minus potentes« und »pauperes«, die Schwachen und Armen, die seiner Gerichtsbarkeit einst um des besonderen Schutzes willen unterstellt wurden, sind jetzt der Gegenstand seiner besonderen Begierde. Denn trotz jahrhundertelanger Abhängigkeiten sind ihnen noch einige Privilegien geblieben.

Zum Beispiel die »Freizinser«: Bauern, die sich unter den Schutz eines großen Herren stellen und ihm dafür Abgaben zahlen: den Zins. Aber noch können sie frei wählen, wem sie den Zins zahlen. Außer ihren jährlichen Abgaben waren sie frei vom Kriegsdienst, Besthaupt, Erbteil und Tagesdiensten. Einzig und allein der »rechte Totfall«, die Abgabe des besten Gewandes im Fall des Todes von Freizinser oder Freizinserin, erinnerte an leibeigene Dienste. Das ändert sich seit dem fünfzehnten Jahrhundert. Hungersnöte und Teuerungswellen wechseln einander ab. Der jährliche Zins erhöht sich rapide. Viele Freizinser werden gezwungen, wenn sie nicht verhungern wollen, beim Kloster-, Stifts- oder Stadtherren Land zu pachten. Das bekommen sie aber nur gegen Preisgabe von Privilegien: ihrer Freizügigkeit, Rechtsfreiheit, Freiheit zu heiraten oder Freiheit von Frondiensten.

Als erstes nimmt der Herr das Recht der freien Heirat: Nach alemannischem Recht nämlich erlöst die Heirat einer freien Frau jeden, der in Leibeigenschaft gerät, aus seiner Abhängigkeit. Nun zwingt der Herr die bedrängten Freien, sich zu verpflichten, nur leibeigene Frauen zu heiraten. Ohne eigene Verschuldung wird so ein Freizinser »Gotteshausmann«: Leibeigener der Klöster, Kirchen oder Stifte. Andere in Not Gedrängte werden gar dazu überredet, für ein schnelles Geld zum Überleben alle Freiheiten zugleich zu verkaufen. Die letzte Freiheit, nämlich die, sich den Herrn selbst zu wählen, nimmt ihnen ein krimineller Handstreich: Die Fälschung von alten Pergamenten, in denen angeblich Kaiser Karl oder einer seiner Nachfolger einem Kloster oder Fürsten für immer die in der Gegend lebenden Bauern als Leibeigene bestimmt, ist groß im Schwange.

Die Geschäfte der Advokaten und Rechtsausleger aus den Großstädten gehen gut. Sie sind von den »Schmeichlern«, die Johannes Geiler geißelt, an die überfüllten Tafeln geladen worden.

Der Landadel sucht Rat, Tat und Beihilfe bei den Städtern, die es geschafft haben. Die Juristen und Ökonomen von den Universitäten sollen ihnen bei der Aufforstung ihrer verrotteten Finanzen helfen. Das Gesetz der Händler, das Mehrwert ohne Arbeit schafft und die alten überlieferten Gesetze überlistet, verdreht oder neu schreibt, fühlt sich keinem Reich, keinem Gott und keiner Menschheit verpflichtet, außer dem Recht auf das eigene Wohl. Mit seiner Hilfe versucht der zurückgebliebene Adel das, was ihm die reichen Städter übrig lassen, auszuquetschen, um beim großen Jahrmarkt des Luxus und der Moden mithalten zu können.

Die da ausgequetscht werden, die kleinen Bauern, die Armen, die auf der Tradition des gesprochenen Wortes und der versprochenen Freiheiten bestehen, finden sich im Zeitalter des geschriebenen und gedruckten Wortes von trügerischen Papieren überlistet. Sie stehen vor Gericht mit leeren Händen — weil sie auf Kaisers Wort vertrauten.

Wo sie sich aber der neuen Situation gewachsen zeigen, weil ihnen — wie im Fall des Rechtsstreites der Bauern von Kempten gegen ihre Abtei — ein altes Buch aus dem Jahre 1144 in die Hände fällt, das alle ihre Rechte verbürgt und besiegelt, geschieht etwas Unerhörtes: Der Patron, in diesem Fall gar ein geistlicher Herr, wird vom Gericht öffentlich befragt, ob er trotz der Briefe »schwarz auf weiß«, die die Rechte der Bauern beweisen, seine Ansprüche aufrecht erhält und das bei Gott dem Allmächtigen beschwören kann. Der Abt bekommt Gewissensbisse, bangt um sein Seelenheil nach dem Tode — und überwindet sich dann zu Gunsten seiner weltlichen Machtgier. Er schwört den falschen Eid und erwirbt so alles, was er begehrt. Gottes Name gilt noch mehr als des Kaisers.

Der Meineid macht Schule im ganzen Land, und der Nachfolger des Abtes von Kempten, Johannes II., sagt am Ende des 15. Jahrhunderts lakonisch: »Ich mache es nur, wie viele andere Herren auch«. Ein anderer: »Nicht bloß die Bauern sind mit Steuern und anderen Zinsen belastet, auch Fürsten und Adel halten sich jetzt für beschwert, und auch Kaiser und Könige sind zu dieser Zeit zu manchem gezwungen, warum soll da mit den Bauern eine Ausnahme gemacht werden.«

★

Tausende Bauern, die einem Rückfall in die Sklaverei entfliehen wollen, verlassen, was sie noch besitzen, oder was sie nicht mehr besitzen, und streichen über Land. Für viele der südlichen Länder Deutschlands, vom Allgäu bis Württemberg, vom Schwarzwald bis zum Elsaß, ist die freie Schweiz das gelobte Land. Sie erreichen es selten. Denn die Dörfer der Eidgenossen versperren sich der Flut der Fremden, die die zerbrechliche Eigenständigkeit und Wohlfahrt ihrer jungen Republik gefährden. Es bleibt als Zuflucht der Ort, von dem das Gesetz des Wachstums ausgeht, dessen Opfer sie geworden sind: die Stadt.
Die Metropolen am Oberrhein, Basel, Bern und Straßburg, aber auch die kleineren reichen Städte, von Worms über Freiburg bis Schlettstadt, sind einem beständigen Ansturm der landlosen und landstreichenden Armen ausgesetzt. Zwei großen Dürreperioden folgen Hungersnöte und Teuerungswellen; die letzte, 1489, hat mehr denn je arme Bauern aus Hof und Heimat auf die Landstraße getrieben, mit einem Haufen hungernder Kinder und nicht mehr als einem dünnen Sack voll Korn oder Brot, das kaum bis zum nächsten Tag reicht, sind sie unterwegs, um in den reichen Städten zu überleben oder gar eine neue Existenz aufzubauen.
Es ist nicht das erste Mal, daß landlos gewordene »Hausarme«, auf der Flucht vor den Soldaten ihres Herrn, vor Leibeigenschaft und Hunger in einer großen Stadt wie Straßburg Aufnahme suchen. Jede Krise seit dem vierzehnten Jahrhundert hatte immer wieder Flutwellen von Landflüchtigen an die Ufer der Städte Europas gespült.
Im vierzehnten Jahrhundert tat die Stadt Straßburg, nachdem sie sich 1267 im einjährigen Krieg gegen Bischof Walter mit einem mobilen Handwerker-Fußheer vom feudalen Stadtherren befreit und anschließend die in den Zünften organisierten Handwerker an der Stadtregierung beteiligt hatte, einen großen Sprung nach vorne: Aus einem regionalen Handelsumschlagsplatz in der Hand eines geistlichen Herrn war die Metropole der Händler und Handwerker, die Stadt der Messen und Märkte für den ganzen Oberrhein geworden. Man konnte sich Gastfreundschaft leisten, im

Zeichen von Fortschritt und Wachstum war man auch an den Einwanderern aus der ländlichen Provinz interessiert. Die Stadt öffnete sich mit liberalen Gesetzen, mit ausgedehnten Markt- und Feiertagszonen — drei Monate im Jahr ‚Ausnahmezustand'! — besonders den Landleuten. Sie waren die Kunden der Märkte und Kaufhäuser. Wer aber wollte, konnte, — und das durch Bereitstellung von Arbeitskraft und Material für den Bau der großen Kathedrale »Unserer Lieben Frau« unter Beweis stellte — der durfte als Arbeiter, Knecht oder Handwerker, als neuer Bürger in der neuen Großstadt ein neues Leben beginnen.

»Von der Freiheit der Landleute und ihrer Verbände« hieß der entsprechende Passus im »der Stette Rechtsbuch«. Man sagte landflüchtigen Leibeigenen in den Mauern der Stadt Schutz und Freiheit vor der Verfolgung durch den Patron zu.

Aber die Zeiten ändern sich seit dem fünfzehnten Jahrhundert. Zwei Pestepidemien suchen die Stadt heim, nicht zuletzt Folgen der wachsenden Überbevölkerung. Seuchen wie Blattern, Lepra und Gelbfieber gehören zum Alltag. Die Dürreperioden in Mittel- und Westeuropa sind ebenfalls nicht spurlos an Straßburg vorbeigegangen. Manchmal verwandelt sich die überreizte Stadt in einen Vulkan: Massenhysterien brechen aus.

»Viel Hundert fingen zu Straßburg an,
zu tanzen und springen, Frau und Mann,
auf offenem Markt, in Gassen und Straßen,
Tag und Nacht ihrer viele nichts aßen,
bis ihnen das Wüten wieder gelang,
Sankt Veitstanz ward genannt die Plage.«

Trotzdem bleibt die Stadt weiter das leuchtende Zentrum bürgerlichen Wohlstands im Elsaß und am Oberrhein. Aber die Nachfahren derer, die eine freizügige Politik als arme Landleute eingeladen hatte, zu bleiben und Bürger zu werden, lassen die neuen Armen vor dem Tor.

Früher wollten Dutzende an den Feier- und Markttagen bleiben, jetzt kommen Tausende. Die letzte, größte und endgültige Krise der feudalen Landwirtschaft kommt nach der Dürrezeit 1489. Der Exodus der Bauern aus Hof und Heimat beginnt. Der »arme Mann« kommt bis vor die Tore der Stadt, aber man läßt ihn nicht drin wohnen.

Die Vorstädte und Landstraßen quellen über, die Bürger wollen die eigentliche Stadt sauber halten. Für sie sind die neuen Armen ein hygienisches Problem wie Ratten oder Läuse. Die Plätze, die man der »neuen Pest« vor der Stadt zubilligt, wo sie wohnen können, wenn die Tore geschlossen werden, sind die Orte, wo Exkremente kanalisiert, gesammelt und ausgestoßen werden, wohin der Bürger seine Abfälle gibt.

Aber zwischen Abfall und Exkrementen wächst, außerhalb der städtischen Ordnung, chaotisch, extemporiert und ständig Formen und Farben wechselnd, eine neue, eine andere, regel- und zügellose Stadt: Die Vorstadt, das Quartier, das Milieu oder der Banlieu.

»Barbier, bei allen Pestlagern unseres Banlieus, wo Sie bekanntlich Ihr Zuhause haben. Sie tragen da so ein herrliches Eitergeschwür, das Ihnen wirklich hervorragend steht. St. Lepra... hat wieder... zugeschlagen«, sagt Charlot, der jüdische Spielmann eines Dialogs, den der Pariser Spielmann Rutbeuf im dreizehnten Jahrhundert aufschrieb. Der Ban-Lieu, der Bann-Ort für die Aussätzigen, die Lepra- und Pestkranken, der Ort vor der Stadt, die Vorstadt, wird im dreizehnten Jahrhundert — noch halb als groteske Beschimpfung — von den fahrenden Barbieren und Spielleuten als Aufenthaltsort in Erwägung gezogen.

Ende des fünfzehnten Jahrhunderts ist er für das riesige Heerlager der land- und hauslosen Armen der einzige Ort, wo Heimat ist. Flüchtiger Unterschlupf auf ihrer Suche nach neuen Ufern, oder, immer häufiger, Stützpunkt für ihre Beutezüge in die Welt der Reichen, in die Städte und Häuser der Bürger. Denn für die vielen Tausenden, die nicht mehr dorthin zurück können, wo sie herkamen, ohne den Abschreckungsstod und ewige Sklaverei zu riskieren, die aber auch nicht in eine neue gesicherte Zukunft in der Stadt fliehen können, bleibt der einzige Ort das Dazwischen. Bauern können oder wollen sie nicht mehr sein, Bürger dürfen sie nicht werden — so bleiben sie Bettler und Vagabunden.

★

»Dieses Volk ist von Art und Natur aus faul, gefräßig, träge, schnöde, lügenhaft, Falschspieler, Gaukler, Gotteslästerer, Diebe, Räuber und Mörder, kerngesund und stark aber Gott und der Welt zu nichts nutze.«

Matthias Kemnat ist nicht der Einzige, der so hart über die da draußen den Stab bricht. Männer der Kirche und Männer des Staates sind sich in dieser Frage einig. Die neuen Armen sind eine Gefahr für die Menschheit, es fragt sich nur, warum und wie sie noch überleben. Kein anständiger Bürger gibt denen Arbeit oder Unterschlupf.

»Sie haben herausgekriegt, wie sie ohne Arbeit, allein mit Betrug Pfennig und Brot gewinnen, bei schierem Müßiggang ... eigentlich sind sie gesund und stark, aber sie legen sich zum Schein ganz besondere Krankheiten zu und betteln so um Almosen.«
Die da draußen, die nichts mehr zu verlieren haben, fanden einen Trick, zumindest tagsüber Einlaß in die Stadt zu bekommen und etwas fürs Überleben zu gewinnen. Die Trickser gehen als Bettler und Krüppel. Das große Welttheater der kleinen und armen Leute: die Bettleroper.
Betteln ist in der Stadt noch immer eine fast heilige »Nahrung«. In der Heimat der Händler und Handwerker, am Orte der Geschäfte und des rastlosen Tuns, ist das Nichtstun, das Betteln, noch ein geschützter Bereich. Das letzte Reservoir für die, die eigentlich schon zum Abfall ausgegrenzt wurden.
Weniger durch Gesetz als durch Glauben geschützt, weniger durch öffentliche Ordnung als durch innere Besinnung des einzelnen Bürgers, durch das schlechte Gewissen derer, die auf Kosten des allgemeinen Elends reich werden. Das ist der andere Teil der Geschichte der Stadt und des Luxus: Die Geschichte des Bettelns, die Geschichte der anderen Armut, der freiwilligen paupertas — »in Christi«.
Auch Johannes Geiler appelliert an diese letzte Instanz im Christenmenschen: die Angst vor einem Tode in Sünde, die direkt ans soziale Gewissen geknüpft ist. Die Stiftsherren oder Tuchhändler, die weder Meineid noch Zins oder Bauerntreiberei scheuen, um ihren Besitz zu vermehren, werden angesichts der Aussicht, ihre Verbrechen mit einer Spende mildern zu können, zu Almosengebern an denen, die sie selbst ins Elend gestürzt haben.
Das Bewußtsein dafür, daß im Almosen die Möglichkeit enthalten ist, die Sünden zu büßen, die man begehen mußte, um Reichtum zu erwerben, die man begeht, wenn man Reichtum genießt, verkleidet sich in die zwanghafte Pflicht, einem Bettler geben zu müssen. Man trachtet, die Sünden an den Armen mit dem Opfer, das man ihnen gibt, zu vergessen. Sie sind die Vermittlungsinstanz zu Gott, dessen gerechten Zorn am Ende aller Tage der reiche Sünder besänftigen will. Im gesellschaftlichen Sinne ist Armut aussätzig. Im Sinne der persönlichen Vermittlung zwischen Sünder und Gott ist sie heilig. Der Grundstein für dieses Bewußtsein wurde Generationen vor dem Wirken des Herrn Geiler in den Städten gelegt.

★

»Edle und mächtige Damen, die große Güter und Erbschaften besaßen, haben alles weggegeben und zogen es vor, im Hause des Herrn zu leben statt im Tabernakel der Sünden.
Jungfrauen aus vielerlei Geschlechtern wollten nicht heiraten, so großzügig ihre Eltern auch waren. So sehr sie ihnen schmeichelten, so kostbar auch ihre Kleider waren, sie verließen sie, versprachen Christus ihre Jungfernschaft und verbanden sich ihm in Armut und Niedrigkeit.« (Jakob von Vitry)
Nach dem Ende des Investiturstreites, nach der endgültigen Trennung von geistlichem und weltlichem Schwert verlor im zwölften Jahrhundert das Weltliche die geistliche Autorität und den Glanz, die es seit der Zeit des großen Karolingers für sich beansprucht hatte.
Kaiser und König sind ohne den göttlichen Segen nichts als gewalttätige Machthaber, wie jeder Fürst, wie jeder Vasall. Die weltlichen Oberschichten stürzen in eine Krise, die noblen Herren verlieren ihren Ruf. In den Städten reagieren die Töchter aus gutem Hause.
Wo »ordo«, Ordnung und Macht dieser Welt nicht mehr hinter dem Anstrich geistlicher Kirchenämter versteckt werden können, wird ihre Ungerechtigkeit und Gewalt bewußt.
In den Familien der neuen Adligen, der Ritter, der Patrizier und der Großkaufleute, gibt es noch verdrängte Erinnerungen an die eigene niedere Herkunft. Sie entdecken Wahrheit und Ehrlichkeit des einfachen Lebens und Hochmut und Ungerechtigkeit ihrer Welt. Sie entdecken den »armen Christus«. »Paupertas christi« — seiner Armut gilt es nachzueifern.
Die Jugend revoltiert, vor allen Dingen die jungen Frauen, die sich nicht mehr zum Objekt der väterlichen Heirats- und Kapitalwachstumspläne machen lassen wollen.
»Sie wollten ein einfaches Leben allein mit ihrer Hände Arbeit führen. Während ihre Eltern große Reichtümer verschwendeten. Sie vergaßen ihre eigene Klasse und auch ihr Vaterhaus und zogen es vor, lieber Armut und Bedrängnis zu ertragen, als übel erworbenen Reichtum zu verschwenden oder sich der Gefahr auszusetzen, weiter unter den Mächtigen dieser Welt zu weilen.« (Jakob von Vitry)
Freiwillige Armut ist nicht nur Rückzug, sie ist auch Kritik und Angriff. In der Verweigerung der reichen Welt aus Gründen des gottgefälligen Lebens ist die These enthalten: Reichtum gefällt Gott nicht, Reichtum ist Sünde. Das stellt die silberne Prachtfülle der gotischen Kathedrale genauso in Frage wie den Stadtpalast der Patri-

zier. Den Töchtern der reichen Städter der ersten Generation folgen bald Söhne und Väter. »Beginen«-Orden, Kommunen der offensiven, freiwilligen Armut, wachsen in vielen Städten des Kontinents.

»Und dort lesen sie oder lassen sich vorlesen aus den Büchern und Heften in der Sprache des Volkes, aus denen sie ihr Gift saugen«, sagte einer der geistlichen Kritiker, dem die selbstbewußten Laienkommunen ein Angriff auf den Alleinvertretungsanspruch der Kirchen sind. Was man dort liest und spricht, hört sich aber so an: »Alles wird allen gemeinsam zu Nutzen sein, und niemand wird einen anderen verletzen oder zur Sünde verleiten, denn ganz große Liebe wird unter den Menschen herrschen, und dann werden eine Herde und ein Hirt sein.«

Ein Vater ist es, Valdes, ein Städter aus Lyon, ein zu Wohlstand gekommener Kaufmann, der es den Töchtern nachtut und in seiner Heimatstadt Zirkel und Konvente der offensiven Armut ins Leben ruft. Die offizielle Kirche kann nur noch mit inquisitorischer Verfolgung und Zerschlagung der »Waldenser« antworten.

Ein Sohn ist es, Francesco Bernardone aus Assisi, Sohn eines angesehenen Kaufmanns und Patriziers, der aus seiner Revolte gegen den Vater eine Bewegung ins Leben ruft, die die Welt verändern könnte. Junge, überdrüssige Reiche und die Armen, die nichts mehr zu verlieren haben, folgen ihm. In kurzer Zeit sind es Tausende. Als einzige Autorität, als einzigen Herren und Vater, erkennen sie Gott den Allmächtigen an und eifern seinem armen Sohn Jesus nach, auf ewiger Wanderschaft, ohne Haus, ohne Eigentum und allein auf die Barmherzigkeit der Mitmenschen, die man um Almosen bittet, angewiesen. Das Evangelium der Armen ist die frohe Botschaft, die sie ihren Spendern dafür anbieten: die Gewißheit, daß aller auf Erden erworbener Reichtum im Himmel ohne Nutzen ist — daß er den Eintritt ins Paradies unwahrscheinlich macht.

Francesco sagte, er wolle immer nur der Kirche dienen. Das kam genau richtig, einer Verketzerung seiner Bewegung vorzubeugen: Er muß nicht auf den Scheiterhaufen, er darf einen Mönchsorden gründen. Die Franziskaner werden, wie nur noch die Dominikaner eine einzigartige kirchliche Massenbewegung. Ihr radikaler Flügel, Minoriten und Apostoliker, will in die Tat umsetzen, was als letzte Konsequenz in der »paupertas christi« enthalten ist: Die Abschaffung der ungerechten Verteilung der Güter, die Abschaffung der reichen Herren, um so eine gottgefällige Welt für den nahenden jüngsten Tag vorzubereiten.

Die Apostoliker wurden wie die Waldenser grausam verfolgt. Die Kirche, die sich im dreizehnten Jahrhundert sehr geschickt gar einen Franziskaner auf den Thron des Papstes wählt, 1255 Alexander, verwandelt den bereinigten großen Bettelorden in ein Instrument einer geschickten Politik. Sie befriedet die Unruhe unter den Armen damit, daß Armut als Vorzug zum Himmel hin ‚verkauft' wird und nicht mehr als Unrecht der Reichen erscheint. Und gleichzeitig wird das schlechte Gewissen und der Geldbeutel der Reichen erheblich erleichtert: Man verspricht ihnen für dieses Opfer bessere Konditionen fürs Paradies. Eine groß angelegte falsche Bettelei, gegen die alle »Bübereien« der neuen Armen des fünfzehnten und sechzehnten Jahrhunderts Kinderspiele sind. Die Spielleute singen seit dem 13. Jahrhundert Spottlieder auf die »frommen« Bettler:

»Als diese Brüder auftauchten im Land,
waren sie scheints sauber und rein und gewandt.
Ließen ihr Hemd für Christus den Herrn,
schworen drauf Armut dem Orden gern.
Seht jetzt, wie sie das verstanden haben,
predigen Armut und hab'n sie begraben.
Haben Tonsuren, doch ist das ein Orden,
wo ohne Gewissen gesündigt ist worden?«

1510 ist das Paradies, das die frommen Bettler mit ihrem Kampf gegen die Reichen vorbereiten wollten, weiter entfernt denn je. Utopia, das direkt nach dem bevorstehenden Weltuntergang kommen sollte, die »Erleuchtung und Befreiung alles Mühseligen und Beladenen durch den Heiligen Geist und die herrenlose Gemeinschaft in ihm«, die der Zisterzienser Joachim de Fiore in Aussicht gestellt hatte, ist nicht in Sicht. Geblieben sind die Beginen und Begarden-Kommunen: Als Orden sind ihre Häuser feste Einrichtungen in der Stadt geworden. Geblieben sind die vielen Kordel- oder Jakobsbrüder, Bettelorden und Pilgervereine. Mit ihnen ist tief im Bewußtsein des Städters der Respekt vor dem armen, bettelnden Wanderer verankert: Das schlechte Gewissen des Reichen, wenn er des leibhaftigen Armen ansichtig wird. Geblieben ist die Hoffnung, daß ein Opfer, ein Almosen an dem armen Mann gutes christliches Werk sei, notwendig für die Rettung vor der Hölle, für den Eintritt ins Paradies.

Da ist die Lücke, durch die die Ausgeschlossenen, die Elenden und Armen des späten Mittelalters, ins städtische Paradies schlüpfen können: Sie verkleiden sich als Pilger, Mönche, Kranke und weitgereiste Vaganten. Sie schwärmen, so bald sich die Tore der Stadt am Morgen öffnen, hinein auf die Märkte, vor die Kirchen und die Kathedralen, um ihr Bettler-Theater zu beginnen. Der Bürger, der den Armen allgemein als Ungeziefer und von Natur aus böse und unnütz verbannt hat, gibt ihm, wenn er seiner in der Gestalt des leibhaftigen Bettlers vor Ort ansichtig wird, voller reuigem Gewissen. Am Almosen klebt die vage Hoffnung auf einen besseren Zugang zum Himmel.

★

Ist sich Doktor Geiler, der wortgewaltige Prediger in der Straßburger Domkanzel, dieser ‚Gefahr' bewußt, daß das schlechte Gewissen seiner »Schafe« mißbraucht werden kann, wenn der arme Mann, für den er hier eine Lanze bricht, sich als falscher Krüppel oder Bettler vor die Kirche schleicht? Weiß er, daß der arme Mann schon längst tut, was er ihm »...sagen möchte: Wenn dir der Reiche nicht von sich aus gibt, mußt du zu ihm gehen und dir holen, was du brauchst?« Er holt sich, was er braucht, aber nicht offen, sondern in der Maske des Pilgers oder Krüppels. Weiß Johannes Geiler um diesen »falschen Bettel«, um diese »Büberei«, wenn er fordert, daß die Reichen den Armen geben sollen, auf daß die Mißstände sich bessern, damit sie nicht die zerbrechliche Ordnung des Ganzen bedrohen?

»Die Reichen ladet man zu Tische,
bringt ihnen Wildbret, Vögel, Fische.
Es nimmt kein End mit dem Hofieren,
dieweil der Arme vor den Türen
so schwitzt, daß er bald muß erfrieren.«

Geiler zitiert mit Vorliebe aus dem »Narrenschiff« seines Freundes Sebastian Brant. Er scheut nicht davor zurück, Korruption und Verbrechen der gehobensten Gesellschaftsschichten beim Namen zu nennen und beschließt seine Predigt mit einer Polemik — gegen die *falschen* Bettler!

»Der Bettel hat auch Narren viel.
Reich werden ist jetzt der Welt Ziel.
Und wär es auch mit Betteln gleich,
Pfaffen, Mönchsorden sind sehr reich.
Beklagen sich, sie wären arm...
Stets schreit der Prior ‚Trag's nur her!'
Der Sack hat keinen Boden mehr.«

— Genügt es, den falschen Bettel der Geistlichkeit anzuprangern — und den des armen Mannes nicht beim Namen zu nennen?

Stellen wir uns vor, Sebastian Brant, der Dichter der zitierten Verse säße in persona im Straßburger Dom. Das ist nicht unwahrscheinlich, denn 1499 hat der gebürtige Straßburger seine Wahlheimat Basel wieder verlassen: Nach ihrem Abfall von der deutschen Krone! Er ist in seine Heimatstadt zurückgekehrt und hat Anstellung als Jurist gefunden.

Sebastian Brant hat Fragen an Johannes Geiler. Sicherlich hat ihm gefallen, vom populären Prediger zitiert worden zu sein.

— Diese bescheidenen Verse aus dem Munde eines wortgewaltigen Mahners zu hören!

Das war für den Rechtskonsulenten und Stadtschreiber ein Genuß. Trotzdem ist er nicht einverstanden mit der Predigt. Er sucht seinen Freund nach der Messe in der Sakristei auf.

— Es war richtig, die Gefahr für die Stadt aufzuzeigen, die droht, wenn man die große Armut vor und hinter den Mauern einfach verleugnet. Aber was ist mit den *falschen* Bettlern? Mit dem Betrug an Seele und Verstand, den die tun, die trügerisch christliches Mitleid heischen? Braver Bürger: Aufgemerkt! Die dich da verführen, daß du alle Vorurteile vergißt, die deine Vorstellungen, dein Mitleiden, dein ruheloses Gewissen so geschickt berühren, daß du alle Vernunft über Bord wirfst, sitzen auf einem närrischen Schiff. Wenn du nicht aufpaßt, fährst du mit ihnen in den Untergang. Die hat der Teufel mit dem Netz schon gefangen:

Sie kennen Geschichten vom Ende der Welt
und lehren die Leute — nur gegen Geld
Schwur und Segen für Donner und Hagel,
machen sich krumm wie ein rostiger Nagel,
gelb oder grün, was ist schon dabei?
Ist nichts als Possenreißerei!

Der Teufel hat in seinem Netz alle die gefangen, die sich von ihm haben verführen lassen und seiner Tricks bedienen, um der Welt ein Schnippchen zu schlagen: Nehmt euch in acht vor denen, die die alten heidnischen Sprüche und Zauberworte für alle Wetter kennen, die Geschichten von fernen Ländern und Zeiten erzählen, die sich verrenken und verdrehen und Gesicht und Charakter wechseln, wie andere Leute die Kleider...

— Kommen lahm und krumm daher
krank und schwach, als ging's nicht mehr.
Tatsächlich sind sie stark und frech,
lieben nichts so wie's Gespräch.
Quatschen ohne Unterlaß
darin haben sie kein Maß.

Aber nicht nur, daß sie die Leute mit ihren Verstellungen, Masken und fantastischen Geschichten betrügen — sie haben auch die Schlüssel zum Schlaraffenland gefunden, die Möglichkeit, ohne Arbeit zu leben und trotzdem in
...Saus und Braus und Üppigkeit.
Das ist Gott nun langsam leid
Weiber in Massen, essen und trinken,
und anderen Leuten nocht etwas vorhinken...

Sebastian Brant zitiert einen Vorläufer, »Des Teufels Netz«, ein alemannisches Lehrgedicht, das ihm unter anderem als Vorlage zu seinem »Narrenschiff« diente. Brant ist kein Reformer wie sein Predigerfreund. Während Geiler hofft, die Krise, in die das Reich, die Stadt und der Mensch geraten sind, zu lösen, indem man die Ungerechtigkeit in der Bürgerschaft abstellt und die Armut erleichtert, ist der Dichter des »Narrenschiffes« ein Pessimist: Die da unten sind genauso verderbt wie die da oben. Da es von den Ersteren ungleich mehr gibt, wird ihre falsche Bettelei die Herzen und Geister der wenigen aufrechten Christenbürger auch noch in Lug und Trug und Verderben ziehen, wird die einzige Rettung, die Kraft der Vernunft, die der Einzelne in sich verborgen trägt, mit einem betrogenen inneren Gewissen zerrütten. Die letzte Bastion der christlichen Ordnung, das Jüngste Gericht , steht in Gefahr, von den listigen, falschen, komödiantischen Bettlern ausgehöhlt zu werden. Das könnte die Bürger in einer Zeit, in der der Tod jeden Tag zu jedem kommen kann, in einen tiefen inneren Abgrund stürzen, wo sie das Vertrauen zu Gott, Kirche und Staat verlieren.
— Aber sagt die Heilige Schrift nicht: ‚Eher kommt ein Kamel durchs Nadelör als daß ein Reicher in den Himmel kommt?'
Und erzählt unser Herr Jesus Christus nicht das Gleichnis vom barmherzigen Samariter, einem der niedrigsten, der den Armen und Verlorenen auf der Landstraße gibt, ohne zu fragen, ist das nun ein falscher oder ein richtiger Armer? Und die Pfaffen und Pharisäer waren schon an ihm vorbei gelaufen, jeder hatte eine Ausrede! Soll man denn von der Fürsorge der Armen sprechen und im gleichen Atemzug eine Ausrede bereit legen, um kein Almosen geben zu müssen?

Doktor Geilers einfache Gegenfrage weiß der Rechtskonsulator genau zu beantworten:
— Es kann keine Ausreden geben, denn Doktor Thomas von Aquin hat in seiner »summa theologica« über das Almosengeben, »de Eleemosyna«, allgemein verbindlich formuliert: Zum wirkungsvollen Vollzug der Almosenspende gehört, neben dem Spender, der »superfluum«, Überfluß hat, ein Empfänger, der in echter Not ist:
»Seitens des Empfängers ist es erforderlich, daß eine Notlage vorliegt, andernfalls ist es nicht rechtens, daß ihm Almosen gegeben werden.«
— Allerdings — kann Geiler da einwenden — wenn man diesen Maßstab auf Doktor Thomas' eigenen Orden, die Cordeliers aus dem Kloster St. Jakob in Paris anwendet, die berühmten Brüder des Ordens St. Domenicus, die ihrem Papst schon zu Thomas' Zeiten ein Vermögen zusammengebettelt haben, wo ist bei denen die »echte Not«?
Und schreibt er, Sebastian Brant, nicht selbst:
»Stets schreit der Prior, Trags nur her!
Der Sack hat keinen Boden mehr?«

Sebastian Brant wechselt den Aspekt — nicht das Thema: Noch eine andere vielleicht sogar größere Gefahr geht von den falschen Bettlern, von den possenreißenden neuen Armen aus. Und die ist mindestens genauso groß wie der Betrug um den gekauften, angeblichen Ablaß der Sünden und den trügerischen Kredit im Himmel: Selbstzucht und Arbeitswillen auf Erden sind in Gefahr, neben einem festen christlichen Glauben die andere zerbrechliche Säule, auf der das Fundament dieser Welt im Wandel noch ruht.

— Alle, die nicht arbeiten
und ganz jung schon betteln gehen
und sinds Betteln dann gewohnt:
von denen wird niemand verschont.
Bis jeder verrückt wird
und alle ihre Begierd'
bei Tag und Nacht aufs Betteln geht,
läßt keinen los, der mal drauf steht.

Das Betteln, die Möglichkeit, mit findigen und listigen Tricks an das Geld anständiger Leute zu kommen, ohne zu arbeiten, kann ansteckend wirken, macht »verrückt« und läßt allen Begierden freien Lauf. Die Söhne und Töchter der Bürger und Christen sind bedroht:

Dann will er durchs Land streichen
Kann niemals mehr's Betteln entbehren,
verliert für immer alle Ehren.

Mit dieser Befürchtung hat Sebastian Brant recht: 50 Jahre später werden die Nachfahren dieser Bettler und Vagabunden in ganz Europa gejagt, mit Brandzeichen gekennzeichnet, an Händen und Füßen von Schnellgerichten verstümmelt oder gar exemplarisch hingerichtet. Wer sich immer noch nicht abschrecken läßt, kommt auf die Galeeren — oder, neueste Errungenschaft des Fortschritts, ins Arbeitshaus. Und die entsetzten Richter der tausenden Prozesse gegen Vagabunden und Landstreicher stellen fest, daß ihre Delinquenten immer wieder schlimmste Delikte erfinden, um der »leichten« Bestrafung durch Zwangsarbeit im Arbeitshaus zu entgehen.

»Da gestehen mir einige Kapitalverbrechen, mit denen sie ihr Leben riskieren«, beklagt sich einer der Vagabundenrichter in England 1596, »nur um nicht in die Besserungsanstalten geschickt zu werden, in denen man sie dazu zwingt, wieder zu arbeiten.«

Am Grunde der Gesellschaft, vor den Toren der Stadt, bildet sich eine andere Gesellschaft, in der Müßiggang, Spiel und Fest mehr gelten als Arbeit und Selbstzucht.

— Die geben Ehre für Geld, die verkaufen sich selbst und verlieren so für immer die Möglichkeit, in die Gemeinschaft der arbeitsamen christlichen Ehrenmänner zurückzukehren.

Sebastian Brant erregt sich:

»Die geben Ehre für Geld« — Kennt er, Johannes Geiler, nicht diesen »Ehrentitel«, mit dem man seit jeher alle unreinen Gewerbe »ausgezeichnet« hat, die Weiber und Buben, die in den Schenken und auf den Märkten nichts anderes als sich selbst feilbieten?

Die Gemeinschaft der Ehrlosen, der Marktschreier, Scharlatane, Barbiere, Wunderdoktoren und Kräuterweiber, der fahrenden Schüler und Magister ohne Arbeit, der Huren und der Baderknechte?

Die »unreinen« Gewerbe gehören seit der aufkommenden Blüte der Städte zur Szene der großen Märkte. Die listigen Händler im Magistrat lassen sie natürlich an den großen Fest- und Feiertagen auch zu. Sie sind das Salz in der Suppe. Sie machen aus den großen Waren- und Verkaufsmessen, die die Stadt und die Städter mit einem großen Teil ihres Wohlstands versorgen, erst wirkliche Attraktionen.

Alle Herrschaften, wenn sie hier halten,
die großen und kleinen,
die krummen und geraden,
die rauhen und glatten,
die süßen und sauren,
die reichen und armen,
die warmen und kalten
lassen die richtige Einstellung walten,
glaubt mir, s' ist wahr!
Will niemand betrügen,
daß ist doch wohl klar,
Sie werden es alles schon sehen, fürwahr,
bevor Sie dann gehen...«
Besonders geschickte Händler mieten so einen Ehrlosen gar als Marktschreier.

— Und was ist seine »Kunst«? Verse schmieden, aus dem Stegreif, Menschendarstellung jeder Art, Darbietung oder Erfindung weitgereister und hanebüchener Abenteuer, oder ein schneller Spruch, eine freche Polemik gegen Kaiser und Papst, ein verbotener Witz, eh man sich's versieht.

»ich bin schnell und lästerlich,
der Teufel fegt bei Neumond mich!
Das Vaterunser kann ich schlecht,
'nen Grund zum Glauben hab' ich nicht.
Doch kann ich gaffen und verkaufen,
und von Markt zu Markte laufen...«

War das nur ein Witz oder wurde man am Ende als ehrlicher Kaufmann im Zerrspiegel des Marktplatztheaters dieser Scharlatane verlacht?

Seit Generationen haben die Männer der Kirche vor dieser ‚Pest' der Märkte gewarnt. Umsonst. Die fahrenden Spielleute und Schauspieler sind immer frecher und immer besser geworden: Sie extemporieren riesige Romane mit 20 Charakteren »auf einen Sitz«, in ihren Komödien verhunzen die Knechte und die Teufel, junge Weiber und ein lachender Jesus die heiligen Mysterien. Sie leben vom Faxen- und Fratzen-Schneiden, vom Worte-, Geschichten- und Menschenerfinden.

— Sie verkaufen immer nur Schein, nichts als Schein — auch die Huren, wenn sie für den Hauch eines Augenblicks Liebe für Geld machen. Darum ist dieses Geschlecht ehrlos. Weil sie Dinge sagen und fordern können, die andere den Kopf kosten, ohne daß man sie dafür greifen kann, weil sie Gott und die Herren lästern, indem sie sie loben. Sie lügen und trügen, wo sie gehen und stehen, und haben dabei die Lacher zumeist auf ihrer Seite und lassen sich's auch noch bezahlen. Sie verkaufen nichts anderes als die eigene Ehre: Ihre Nase, ihre Augen, ihren Mund, ihren Körper und ihre Seele, wenn sie in Kostüm und Maske aller Stände und Klassen schlüpfen und damit ihren Unfug treiben. Auf ihrer Bühne steht die Welt auf dem Kopf. Dabei gehen sie so geschickt vor, daß sich selbst Männer der Kirche verführen lassen.

Seit dem vierzehnten Jahrhundert verbieten die Bischöfe des ganzen Landes die Gaukler: Am Ende erobern nämlich ihre Narren und ihr Theater auch noch das heilige innere Geviert der Kathedrale. »Kleriker dürfen weder an Theaterspielen und Umzügen teilnehmen, noch mit Spielleuten, Schauspielern, Goliarden und Buffonen Kontakt aufnehmen, bei Androhung der Exkommunikation«, befiehlt der Erzbischof von Gnesen 1326. Stand und Amt der Kirchenmänner drohen ihre Würde zu verlieren.

— Und was haben all diese Obrigkeiten mit ihren Verboten ausgerichtet? Nichts! Jetzt erregt sich auch Johannes Geiler. Seit Jahren kämpft der Prediger gegen einen Erznarren in seiner Kathedrale, gegen den »Roraffen«.
— Tausend Schellen für den Roraffen
 den Roraffen abschaffen!
Aber auf diesem Ohr ist die Gemeinde taub! Selbst die Klagebriefe von Herrn Peter Schott, einem der jungen Stiftsherren an den Nuntius Roms persönlich, richtet nichts aus: »Über die Vorfälle, die alljährlich die heiligen Feiern des Pfingstfestes beschmutzen... am Ende kommen alle Prozessionen in der Kathedrale Unserer Lieben Frau an. Aber — da hat sich immer wieder ein Windbeutel hinter einer Maske oben auf der Empore versteckt. Der verrenkt seine Glieder unanständig und gröhlt mit schallender Stimme profane und unzüchtige Lieder ... er verwandelt am Ende alle innere Andacht und Erhebung in schallendes Gelächter...«
Er macht aus der Kirche einen Jahrmarkt!
Aber der Roraffe ist dem Volk nicht auszutreiben. Letztlich bleibt es bei Appellen von Herrn Geiler. Die Kirchenleitung traut sich in der Stadt nicht mehr, gegen den Magistrat Maßnahmen zu ergreifen, der Magistrat aber fürchtet die Macht der Menge. Seit Jahrhunderten ist der Roraffe der wirkliche Held der großen Fest- und Feiertage. Im Namen dieses Erznarren, Seite an Seite mit ‚Unserer Lieben Frau', haben

die Handwerker schon vor mehr als zweihundert Jahren gegen den Bischof und später gegen die Macht der Patrizier gekämpft. Der »Windbeutel« aber, der sich hinter der Maske des Affen versteckt, ist einer von diesen Spielleuten oder Scharlatanen. Ein Narr im heiligen Bezirk der Kirche. Den Kampf gegen diesen Narren führt Herr Geiler, wie weiland der große Cato gegen die punische Pest zu Felde zog, oder der einzigartige Cicero gegen Catilina, den Verräter. Kaum eine Predigt vergeht, in der er nicht an den Roraffen erinnert, als Inbegriff von Faulheit, Zerstreuung und Blasphemie.

— Der ist ein Schalk! Ein Hochstapler und ein Jongleur! Alle Gaukler und Narren sind Spieler, Schau-Spieler, die eine Schau oder einen Schein erzeugen, ohne etwas Wirkliches in der Hand zu haben. »Sie können so tun, als hätten sie etwas in der Hand — dabei ist es nichts als Schall und Rauch, und sie haben dich gefoppt wie der böse Geist!« Bei der »Kunst« der Schausteller, Schauspieler und Scharlatane hat der Teufel seine Hand im Spiel!

— Und die neuen Armen — erklärt Freund Sebastian — die draußen so erbärmlich um Almosen heischen, sind Schauspieler wie der Ror- und alle anderen Gaukelaffen! Mit Masken, Tricks, artistischen Verrenkungen und falschen Liedern heischen sie um das Mitleid der ahnungslosen Kirchgänger. Die haben bei den Spielleuten »studiert«. Sie treiben *falschen* Bettel und haben wie jene ihre Ehre verloren. Weil sie einen falschen Schein erzeugen, weil sie so tun, als seien sie jemand anderes, verkaufen sie die eigene Ehre, die ihnen ihre Armut im Sinne christlicher Nächstenliebe eigentlich verleiht.

»Kann niemals mehr's Betteln entbehren,
verliert für immer alle Ehren«

Sie sind in des Teufels Netz gefangen.
Und macht dieses Spiel mit den Masken und Larven mit Kostümen, Farben und Locken von toten Haaren nicht Schule in der ganzen Stadt? Bald hat das Theater der Bettler vor der Kirche und der Scharlatane und Schreihälse auf dem Markt alle Bürger erfaßt. Hat nicht der Rat der Stadt ob dieser Unzucht und Sittenlosigkeit schon vor geraumer Zeit ein Gebot erlassen?
»Item, daß niemand seinen Rock oder Wams kürzer tragen soll als eine viertel Elle über dem Knie ... item, daß keine Frau, wer sie auch ist, sich mit ihren Brüsten schürzen soll, weder mit Hemdchen noch mit Leibchen einschnüren oder anderen Gefängnissen, und das keine Frau sich mit Farben oder Locken von toten Haaren etwas an den Haaren heften soll ... und das Hauptloch soll so sein, daß man die Brüste nicht sehen kann.«

— Die Frau verkommt in der Stadt langsam zur Hure.
Johannes Geiler versteht nur zu gut den Zorn seines Freundes Sebastian Brant über Entartung und Sittenlosigkeit.

> Sogar die Männer haben sich jetzt wie die Narren verkleidet, haben Röcke »von vielen Farben und Stücken, von Flammen, von Bäumen, von Nestern, Lauben und Buchstaben.«

Die kommen daher wie ehrlose Gaukler, jeder spielt alles, keinem sieht man mehr an, wes Stand er ist oder welcher Zunft.

> »Und das junge Volk trägt Röcke, die gehen nicht mehr als eine Hand breit über den Gürtel ... Und zwar so scharf gemacht, daß ihm die Hosen die Arschkerbe austeilen, das war ein hübsch Ding, und hat die Zwille vorne groß und spitz vorangehen, und wenn einer am Tisch steht, liegt ihm die Zwille auf dem Tisch... und es ging so schandbar zu, daß Gott es leid war: die Frauen trugen Röcke, daß man ihre Tilten vorne im Busen sah.«

Ein Zeitgenosse und Kollege von Herrn Geiler aus der Provinz beschreibt zwischen Faszination und Abscheu einen Ausflug ins Straßburg seiner Zeit. Wer am St. Adolphi-Tag zur Kirchweih in die Metropole fuhr, konnte erleben, wie dieses sittenlos gewordene Volk die Kathedrale gar zum Wirtshaus machte und zum Bordell: »...da war keine Andacht, in dem man etliche Fässer mit Wein in die St. Katharinen-Kapelle legte, die man den Fremden und wer dessen begehrte ums Geld auszapfte, und es sah der Fasnacht, dem Gottesdienst des Bacchus und der Venus mehr gleich, als einem christlichen Gottesdienst«, beschwerte sich schon der alte Wimpheling über das Vordringen der Spieler, Trinker, Müßiggänger und Huren auf allen Ebenen.
Doktor Geiler hatte sie nach langem Ringen mit dem Magistrat aus der Kirche vertrieben — aber nicht aus der Stadt.

— Es genügt also nicht, die neue Armut zu bekämpfen, indem man die weltlichen und geistlichen Herren anprangert, die mit Meineid, Fälschung und Betrug Pfründe und Privilegien erschleichen. Scheinhaftigkeit und Sittenlosigkeit haben längst die gesamte Menschheit erfaßt.

Sebastian Brant ist rigoros. Für ihn sind alle die, die aus der Ordnung in Stadt und Land herausfallen, verloren. Sie sind viel gefährlicher als die wenigen falschen Bettler in den Klöstern und Stiften. Sie werden immer mehr, die neuen Armen, und die falschen unter ihnen sind eine Gefahr für die ganze Menschheit.

★

»Wollust der Welt vergleichet sich
dem üppgen Weib, das öffentlich
sitzt auf der Straß' und schreit sich aus,
daß jedermann kommt in ihr Haus,
und sein Gemeinschaft mit ihr teil,
ist ihm um wenig Geld noch feil,
bittet, daß man sich mit ihr üb'
in Leichtsinn und in falscher Lieb.«

In dem ersten Verkaufserfolg der deutschsprachigen Literatur, in Sebastian Brants »Narrenschiff«, wird die Verderbtheit der unehrenhaften Stände besonders gewürdigt. Die Huren und Kurtisanen sind Beispiel und Allegorie für eine Menschheit, die immer ungehemmter und öffentlich Unzucht treibt. Die sinnenhafte Freizügigkeit des weiblichen Geschlechts geht einher mit dem wachsenden Selbstbewußtsein der Frauen und ihrer »frechen« Einmischung in die öffentlichen Angelegenheiten:

»Eine Frau, die gern von Weisheit hört,
die wird nicht leicht zur Schand verkehrt
...Salmon durch Frauen Rat verkehrt
ward daß er die Abgötter ehrt
...gar oft ein Mann ins Unglück kommt,
allein durch seiner Frauen Mund.«

Wollust, Huren, Weiber, die sich einmischen, bedrohen das zerbrechliche Boot, in dem, wie Brant meint, alle sitzen. Zu ihnen gesellen sich Faulheit und Spiellust. Sie sind in den Schenken, bei den Badern und Berufsspielern zu finden:

»Auch find ich närrisch Narren viel
die all ihr Freud haben am Spiel...
und Tag und Nacht mit Spiel verbringen,
mit Karten, Würfel und mit Trinken,
die ganze Nächte dabei saßen,
die niemals schliefen, niemals aßen.
...auch viele Frauen sind so blind
daß sie vergessen, wer sie sind
und das verbietet jedes Recht,

solche Vermischung des Geschlecht
... aber es ist jetzt soweit schon,
daß Pfaffen, Adel, Bürgersohn
auch zu den Badersknechten gehen,
die doch weit unter ihnen stehen.«

Das Wirtshaus, Hauptquartier der undurchsichtigen Banden und Gewerbe, der Bettler, Gaukler und Baderknechte in der Vorstadt bedroht auch die Ehrenhaften: Geistlichkeit, Adel und Bürger, die doch soweit über denen da unten stehen.
Von diesem Ort geht eine gefährliche Anziehung aus: Alle Stände, Klassen und Geschlechter — ja auch die Frauen sind blind und vergessen sich — begegnen sich hier. Wo nicht gearbeitet, sondern gespielt wird, wo weder Regeln noch Gesetze den Abstand zwischen hoch und niedrig oder männlich und weiblich bestimmen. Er bedroht die Arbeitsmoral und die öffentliche Ordnung. Wo der Patrizier neben dem Henkerssohn und die Tochter des Tuchmachers neben der Hure sitzt. Als Spieler und Zecher scheinen alle Menschen gleich. Der Verlust der standesgemäßen Abzeichen, Gesten und Manieren verkürzt den Abstand in der Schänke: Am Spieltisch, beim Tanz, im Gelächter über die Farcen und Zoten der Spielleute und beim ‚Tier mit den zwei Rücken' im Stroh auf der Tenne.
In der Schänke wird die Ordnung der Welt verkehrt — in der »Kunst« der Quacksalber und der »Wissenschaft« der Scharlatane steht die Vernunft der Dinge Kopf. Die »falschen Künste« der Kräuterfrauen und Salbenkrämer, diese Mischung aus Magie und Homöopathie, bedroht einen vernünftigen, oder wie Brant ihn immer nennt, einen »weisen Kopf«, der sich gerade darum bemüht, die alten Sprüche und Beschwörungen der weisen Frauen und das Wissen um die Vieldeutigkeit der Tiere, Pflanzen und Mineralien einzutauschen gegen eine vernünftige Wissenschaft der Universitäten: Der Doktoren und Doktrinen.

»Viel nehmen der Arznei sich an
und keiner davon etwas kann
als was das Kräuterbuch ihn lehrt,
was er von alten Weibern hört.
Und deren Kunst, die ist so gut,
daß sie all Bresten heilen tut
Und sieht kein Unterschied mehr an
von Jung, Alt, Kind, Frau und Mann,
feucht oder trocken, heiß und kalt...«

Doktor Johannes Geiler geht bei der Kritik der Kräuter-»Künste« und der »alten Weiber« sogar noch weiter als der rigorose Sebastian Brant. ‚Da hat der Teufel, der böse Geist, seine Hand im Spiel.'
Als er an einem Sonntag über die »närrische Arzneikunst« predigte, gab er ein Gleichnis:
»Vater Gregorius schreibt von einer Klosterfrau. Die ging des Morgens in einem Garten und aß von ungesegnetem Kraut: Lattich. Da hat sie der Teufel befallen, der hatte sich nämlich in das Lattichblatt verwandelt ... St. Antonius, als er in die Wüste geht, kommt an einem Salbeiblatt vorbei und fragt sich: Wo kommt auf einmal das Salbeiblatt her? Er ist nicht hingegangen, sondern hat gesagt: Du bist des Teufels. Da ist das Blatt verschwunden...«
Bei allem, was die Leute aus sich herauskönnen, und wo sie außerhalb kirchlicher Kontrolle mit übernatürlichen Kräften verkehren oder um die unsichtbaren Geheimnisse der Natur wissen — da hat der Teufel nach Ansicht des gelehrten Herrn Geiler die Hand im Spiel. Man muß die unberechenbaren Kräfte der Geister unter den Segen und die Obhut der Kirche stellen: Ungesegneter Lattich ist Teufelswerk. So werden den Leuten von Kirche und Universität die letzten unabhängigen Kenntnisse und Fähigkeiten abgesprochen und verteufelt:
»So ist es mit den Kräutern, wie mit all dem billigen Tand: nichts als falsche Zauberei, die der böse Geist eingibt. Und die Gaukler: Sie können so tun, als hätten sie was in der Hand, dabei ist es nichts als Schall und Rauch und sie haben dich gefoppt, wie der böse Geist, der sagt, hier ist ein Kraut, und es ist gar kein Kraut.«
Kräutermagie und Gaukelei ist demnach nicht weit entfernt von der Hexerei. Die Jagd auf die Hexen und Hexer aber ist seit der Bulle von Papst Innozenz 1484 und der Anleitung für Verhör und Folter, dem »Malleus Maleficarum«, dem Hexenhammer, 1492 erschienen, eröffnet. In einer für die Betreffenden lebensgefährlichen Conclusio werden aus den Opfern der spätmittelalterlichen Krise, aus den Armen zwischen Stadt und Land, da wo sie sich auf die Unterwelt der Straße, Schänken und Märkte einlassen, die angeblichen Krisentäter!
Sie sollen im Dienste des Teufels und des Antichrists stehen. In Predigten und Dichtungen entwickeln die gebildeten Bürger, die Denker und Dichter der Städte, eine Theorie, die aus der Krise herausführen soll. Dabei machen sie aus den Folgen, die sie greifen können, die Ursache, die sie nicht begreifen. Das Schauspiel des falschen Bettels ist die einzige Möglichkeit für die Opfer der Krise, diese zu überleben. Moralisten wie Sebastian Brant machen sie zu ihren Urhebern.

★

Sebastian Brant bringt Ursache und Wirkung auf einen Begriff: der *Narr*. Er ist dem anderen, das verlustig zu gehen droht, entgegengesetzt: Der Weisheit, der Vernunft. Ohne Vernunft aber geht die Welt unter.

Das »Narrenschiff«, das in jeder seiner hundertzwölf Narrenschellen das Verhältnis von Narrheit und Vernunft in allen Lebenslagen, Ständen und Berufen untersucht, steht auf der Höhe des Zeitgeistes, ist sein exemplarisches Produkt.

Der große abendländische Diskurs zwischen Materialisten und Idealisten, der seit der Auseinandersetzung der Aristoteliker und Platoniker in der Athener-Schule — an den die italienische Renaissance gerade wieder anknüpft — geführt wird, wurde im Mittelalter in der scholastischen Auseinandersetzung zwischen Realisten und Nominalisten ausgefochten. Die oberrheinischen Humanisten in Basel und Straßburg nehmen ihn wieder auf. Brant gerät in seiner Baseler Universitäts- und Gelehrtenzeit mitten hinein. Er tendiert zu den Realisten. Der Nominalismus ist eigentlich Geilers Richtung. Er verneint die Möglichkeit der Ableitung aller Dinge aus dem reinen, göttlichen Gedanken und klagt damit den sachlichen, vom Glauben losgelösten Charakter der Dinge und wirklichen Erfahrungen ein.

Seine ungleich genauere und raffiniertere Interpretation und Fortsetzung findet der Nominalismus bei den Neo-Platonikern in Italien. Im Ambiente starker selbstbewußter Stadtrepubliken oder Stadtstaaten, die in der Befreiung der Wissenschaft und Künste offensichtlich die Voraussetzung für Fortschritt und Wohlstand erblicken, gefällt die Idee der Loslösung der Erfahrung vom göttlichen Gedanken.

Am Oberrhein aber sind die entwickelten Städte nur Inseln im stürmischen Meer des ruinierten deutsch-römischen Großreiches, das nur noch aus einem zerpflückten Schlachtfeld einander befehdender Fürsten besteht. Hier hat die »realistische« Richtung größere Chancen, die den Zusammenhang aller verstreuten und widersprüchlichen Dinge, Wesen und Erfahrungen in ihrer Abkunft aus der einen göttlichen Vernunft behauptet. Es ist die Richtung von Sebastian Brant. An sie knüpft sich die Hoffnung an die Wiederaufrichtung des einen Reiches in der Hand des einen Kaisers, der mit der anderen ein gesegnetes Schwert, weltlich und göttlich zugleich, hält: die Hoffnung auf einen starken, deutschen Kaiser, der alle widerstreitenden Teile des zerrissenen Reiches miteinander vereint. Brant verehrt emphatisch »seinen« Kaiser Maximilian und hat sich von Basel abgesetzt, als sich die Stadt mit der übrigen Schweiz aus dem großen römischen Reich deutscher Nation löst. Aber Sebastian Brant ist kein naiver Träumer, der die Welt ein halbes Jahrtausend zurückdrehen will — in die Zeit, als man noch gut und böse unterscheiden konnte wie Gott und Teufel, weil die Ordnung der Dinge und der Welt nach der Ordnung des Himmels gebaut war. Obwohl er den Verlust jener Ordnung in jeder Narrenschelle bedauert.

Brant findet für den Gegensatz Gott—Teufel eine moderne Übersetzung: Weisheit—Narrheit. Und die Einheit aller Dinge sieht er, da man in einer falschen und schlechten Welt lebt, weniger im Guten als im Schlechten: Das göttliche Element Vernunft ist zu tief in dem Menschen verborgen, aber allen eigen, ist offensichtlich die Narrheit. Sie verbindet alle Stände und Tätigkeiten der Menschen dieser Welt. So unzusammenhängend sie auch wirken mögen: »Erzieher der Kinder«, »Kranke, die nicht folgen«, »Ehebrecher« und »Köche und Kellermeister«, alle sind von Narrheit geschlagen. Die Welt ist ein Narrenschiff — aber sie ist noch zu retten: Wenn jeder sich auf die verbindende göttliche Kraft besinnt, die der Teufel mit Narrheit in jedem verdeckt hält, auf die Vernunft.

»Ein gut, vernünftig, kluger Mann,
desgleichen man nicht oft trifft an.
. . . der selbst sein eigener Richter ist.
Wenn Weisheit er bei sich vermißt,
prüft er sich aufs genaueste . . .«

So hebt die Conclusio, die letzte Strophe des »Narrenschiff« an. Die Vernunft, die jeder in sich selbst aufspüren kann, vermag die Welt noch zu retten: Maß bei allem, was man tut, ohne Verschwendung von Zeit oder Gut, mit Ernsthaftigkeit und Bedachtsamkeit redend und bemüht, Ehre über den Nutzen zu halten, arbeitsam und von der Einsicht in die natürliche Ordnung der Dinge getragen, ein jeder bescheiden und zufrieden mit dem Platz, den ihm die Vorsehung zugewiesen hat, sei er oben oder unten . . .

»Wer also lebet hier auf Erd,
der wär bei Gott ohn Zweifel wert,
daß er recht Weisheit hätt' erkannt,
die führt ihn in das Vaterland.«

Nur mit Vernunft gewinnt man am Ende die innere und äußere Heimat. Aber wer die Welt retten will, muß auch rigoros mit denen umgehen, die rettungslos verdorben sind. Auch wenn es viele sind — sie bedrohen das Ganze. Sicherlich — alle sind närrisch — aber die Erznarren, die bewußt, berechnend oder gar berufsmäßig Närrischen, die das in der Welt noch enthaltene Gesetz göttlicher Vernunft zudecken, zerbrechen, austreiben wollen — die muß man selbst austreiben. Sie sind eigentlich des Teufels und betreiben den Untergang der Welt.

★

Sebastian Brant ist nicht nur Moralist und Dichter, er ist auch Jurist und mit Polizei und Delinquenten vertraut. Er nennt die »Teuflischen« beim Namen, er sagt, wo sie stecken, wie sie heißen, wie sie es treiben:

»Zu Basel auf dem Kohlenberg,
da treiben sie viel Bubenwerk.
Mit Rotwelsch kommen sie durchs Land
im Terich jeder Nahrung fand.
Jeder Stabil ein Hornlüten hat,
die foppt, färbt, ditzet durch die Stadt ...«

Sie sind es, die berufsmäßigen Spieler, Gauner, Täuscher und Scharlatane. Sie wohnen im Kohlenberg, in der Baseler Vorstadt. Sie nennen sich Bettler und gehen ihrem zwielichtigen Gewerbe nach. Brant präsentiert sie in ihrem eigenen Jargon »mit Rotwelsch«.

»Jeder Stabil ein Hornlüten hat« — jeder Bettler hat eine Zuhälterin, »die foppt, färbt, ditzet durch die Stadt« — die lügt, betrügt und spielt krank. Brant gibt Kostproben der »Joner«-Sprache, der Gauner-Sprache des Quartiers. Es ist unschwer zu erkennen, daß der Doktor juris sich als Advokat in Basel fachkundig gemacht hat. Er stützt sich bei dieser Narrenschelle auf die »Basler Betrügnisse«, eine der ersten Sammlungen von Fahndungsblättern im Mittelalter. Im Auftrag des Rates der Stadt angelegt, beschreiben sie Täter-Jargon der Bettler und Vaganten, dienen den Ordnungshütern zur Erkennung und Ergreifung.

Die Fahndungsblätter stützen sich auf ein »Gaunerbüchlein«, das der Stadt Basel von ihren »Freunden und Eidgenossen« aus der Stadt Straßburg übermittelt worden war.

1410 schickte Basel, von der Stadt Bern um Unterstützung gebeten, an diese eine Abschrift der Fahndungsblätter mit dem Zusatz: »Wir senden Euch einen Aufsatz über die Geiler, wie sie den Leuten ihr Geld abträgen, eine Abschrift von dem, den uns unsere lieben Freunde und Eidgenossen aus Straßburg zukommen ließen, auf daß Ihr Euch vor Ihrem Betrug besser hüten könnt.« Die Beamten der Städte am Oberrhein arbeiten bereits seit mehr als einhundert Jahren zusammen. Matthias Kemnat sagte schon 1475: »Dieses Geschlecht ist von Art und Natur aus faul, gefräßig, träge schnöde, lügenhaft, Falschspieler, Gaukler, Gotteslästerer, Diebe, Räuber und Mörder, kerngesund und stark, aber Gott und der Welt zu nichts nutze.« Der enge Horizont der deutschen humanistischen Intelligenz und die Angst vor der chaotischen Welt, die die andere Welt der Nicht-Bürger draußen nur als »ausländisch, urledig« und kriminell wahrnehmen kann, hindert Dichter und Denker wie Johannes Geiler und Sebastian Brant daran, in der prallen, lebendigen, verspielten und schöpferischen Welt der Tavernen, Marktplätze und Bettlerstrichs etwas anderes zu sehen als eine Ansammlung von Delinquenten.

Die Blüten der europäischen Literatur, das Theater zu Beginn der Neuzeit in Frankreich, Italien und England wäre nicht zu denken ohne die Welt dieser Delinquenten. Von Aretinos Kurtisanen- und Huren-Geschichten bis zu Shakespeares Narren und Bettlerphilosophen, von François Villons einzigartiger Gauner- und Vagabundenpoesie — er schreibt sogar Gedichte im Geheimjargon der Coquillards, dem französischen Rotwelsch — bis zu Rabelais' Riesenroman der Schänken und Scharlatane »Gargantua und Pantagruel«, allen — auch zeitlich — voran der »Decamerone« des Adeligen Boccaccio, der das Milieu nie scheute und seine Novellen füllt mit den grotesken Abenteuern und Geschichten falscher Bettler und Reliquien-Händler, von Huren und Zuhältern, Dieben und streunenden Priestern. Auch in Deutschland gab es von denen mehr als genug, mindestens so viele und so raffinierte, wie sie die Literatur dieser großen Dichter überliefert hat. Aber bei uns bleiben sie bis heute »ausländisch« — draußen, weil sie kein Dichter, der gedruckt und verbreitet wurde, für wert hielt, Helden seiner Kunst zu sein. Uns bleiben Fahndungsbücher, Verhöre, Protokolle.

★

Die Tatsache, daß sie keine Opfer bleiben wollen, daß sie — aus der Welt der Bauern und Bürger ausgeschlossen — eine eigene Halb-Welt einrichten, macht die Vaganten bedrohlich. Bedrohlich und verführerisch zugleich: Ein ums eigene und gemeine Wohl besorgter Gelehrter schreckt vor ihrer abenteuerlichen und fremdartigen Welt der Schau, des Spiels, des Rausches und des Müßiggangs zurück. Er kennt sie nicht — wie sollte er über sie dichten?

Sie geben sich eine geheime eigene Sprache, das »Rotwelsch«, sie haben eigene Wege — und Zeichensysteme, Zinken und Markierungen, mit denen sie von der Landstraße und der Vorstadt aus die offizielle Lesart der geordneten Welt überziehen und neu schreiben: Die Schänken, die reichen Paläste, die geheimen Treffpunkte, öffentlichen Gebäude, Freunde und Feinde erhalten andere Namen und Symbole.

Sie haben an die Kunst der Jongleure und Spielleute angeknüpft und improvisieren ein Theater der Bettler und Scharlatane: Unsichtbar und heimlich »besefelt«, bescheißt es die Leute mit falschen Krankheiten und erfundenen Wundern und Abenteuern. Sichtbar und öffentlich präsentiert es Farcen und Komödien, die auch als offensichtlicher »Schein« ihr Geld wert sind.

Ihr Unter-Welttheater straft jede Vermutung Lügen, es könne sich bei John Gays »Bettleroper« und seinen verwegenen, schrägen Typen, bei Prince Henrys und Sir Falstaffs Ausflügen und Unternehmungen in Heinrich dem IV. von W. Shakespeare, bei den unwahrscheinlichen Tricks der falschen Priester und Mönche in Bocaccios »Decamerone« um Auswüchse poetischer Phantasie handeln. Witz und Poesie dieser großen Literatur kommen direkt aus der Wirklichkeit der Landstraßen und Vorstädte.

Die Vaganten haben mit Hauptleuten, Banden, getarnten »Nestern« in Klöstern und Dörfern, mit verbündeten Vorstadtschenken und ihren Wirten, mit Badehäusern und Badersknechten eine flüchtige »Heimat« gebaut. Hier sind sie vor Verrätern geschützt, hier errichten sie Quartiere und Hauptquartiere für die nächste »Fetzerei«.

Dieser Tatsache, daß sich eine selbständige Gegenwelt der Kriminellen herausbildet, die man kriminalistisch verfolgen will, haben wir — zwar kein »Decamerone« des Oberrheins — aber ein literarisches Zeugnis zu verdanken, das die Wirklichkeit dieser unwahrscheinlichen Welt beweist. Im Zeitalter von Herrn Geiler und Sebastian Brant kommt ein Fahndungsbuch heraus, das fast so ein Erfolg wird wie das »Narrenschiff«: Der »Liber vagatorum«, das Buch der Vaganten oder der »Bettler-Orden«. Auch wenn es keine große Literatur ist, so gibt uns sein Autor — in einer Zeit, in der man allen Büchern — da sie vorgelesen wurden — umso mehr Aufmerksamkeit schenkte, je kräftiger, witziger und anekdotischer sie geschrieben waren, je mehr sie also erzählten — einen einzigartigen Einblick in die Welt der Jahrmärkte und Schenken, des Bettlerstrichs und der Vagantenzüge. Fahndungsblätter wie die aus Basel sind sein Gerippe, Geschichten, Tricks, Geheimnisse sein ‚Fleisch'. Die Geschichten sind in einer merkwürdigen Mischung, zum Teil aus der Sicht der Täter, zum Teil aus der Sicht der Opfer geschrieben. Sein Autor mußte sich zumin-

dest mit großer Einfühlung im Milieu der »Delinquenten« auskennen. Martin Luther, der eine spätere Auflage des Buches herausgibt, vermutet sogar, daß der »expertus in trufis« womöglich selber eine kriminelle Vergangenheit hatte.
Viele Anzeichen sprechen heute dafür, daß der Schreiber Mathias Hütlin war, Spitalmeister in einer Bettlerherberge aus Pforzheim. Er mag die Geschichten, die so lebendig im »Liber Vagatorum« versammelt sind, seinen Schützlingen abgelauscht haben. Auf jeden Fall läßt er an der erzieherischen und abschreckenden Absicht seines Werkes keinen Zweifel. Er will das praktisch umsetzen, was Moralisten und Reformer wie Brant und Geiler fordern. Und den unbescholtenen Bürger vor den Tricks und Verführungen der Halbwelt warnen.

★

Stellen wir uns vor, Sebastian Brant — den man übrigens lange persönlich für den Autor des »Liber Vagatorum« hielt — bietet Herrn Geiler am Abschluß ihres schwierigen Disputes in der Sakristei »Unserer Lieben Frau« zu Straßburg das neu erschienene Fahndungsbuch über den »Bettler-Orden« dar. Geiler wird es stürmisch begrüßen: Das ist der richtige Weg, diesem Bettlerelend zu begegnen, zwischen richtig und falsch unterscheiden zu helfen, um nicht das eigene Seelenheil gefährden zu müssen oder rigoros stattdessen alle Armen »auszutreiben«. Der »expertus in trufis«, der Fachmann in Sachen Betrug, unterweist und bekehrt zugleich: Seine Geschichten sind ausgezeichnete Grundlagen für neue Predigten. Jeder Täterbeschreibung folgt eine conclusio: Soll man diesem Bettler geben oder nicht, ist jener Gauner noch zu bessern oder nicht.
Der Spitalmeister aus Pforzheim ist einer, der denen ganz unten helfen will, der arbeitslose und gebrechliche Landstreicher versorgt, der um das Ausmaß der wirklichen Armut weiß — und dem trotzdem keine andere Lösung einfällt als den großen Denkern aus Straßburg und Basel. Mit seinem Handbuch will er viererlei:
Die Tricks, die Sprache und die Systeme der falschen Bettler und Vagabunden entdecken, um sie unschädlich zu machen.
Die »verbrecherische« Selbsthilfe der ehemaligen Opfer, der haus- und landlos gewordenen Armen zerstören, um die dann Reuigen — erneut Opfer Gewordenen — der christlichen Nächstenliebe anzuempfehlen und offen zu machen für den Weg der Umkehr zum »ehrlichen« Armen.
Die Anderen, die »Leutbetrüger«, die Fremden und »Auswärtigen«, Scheinerzeuger und Landstreicher ausmachen, aus der Stadt jagen oder ergreifen und blutig bestrafen.

Die echten Armen erkennen, die wirklichen und ehrlichen Bettler, die »Hausarmen« der Stadt, um ihnen zu helfen und sie wieder einzugliedern.
Johannes Geiler wird diesen Vorstoss unterstützen. Er wird das Büchlein des Spitalmeisters benützen und, wie die Narrenschellen seines Freundes Sebastian Brant, von der Kanzel verkünden. Wie alle, die die Reform retten wollen, ohne die Ordnung zu gefährden.
»... damit man sieht und begreift, wie gewaltig der Teufel in der Welt regiert, vielleicht hilft es, daß man klug wird und sich vor ihm in acht nimmt ...«, schreibt der Reformator Martin Luther einige Jahre später in seiner Ausgabe. Er hat die pauschale Verteufelung der Vaganten als spitzbübische Schauspieler und Leutbetrüger vollzogen. Das ist der nächste Schritt, nach dem von der Reform nichts mehr übrig bleibt.
Geiler von Kaysersberg schreckt vor ihm noch zurück. Aber er hat endlich einen Reise-»Führer« für sich selbst und alle, die eine unbescholtene Fahrt durch die Unterwelt der Vorstädte und Märkte tun wollen, mit dem man keinen Bogen mehr um die obskuren Gestalten des Bettlerstrichs machen muß. Er kann die opfer- und spendenwilligen Bürger unbesorgt aus dem Hause Gottes in die Stadt entlassen. Der »Liber vagatorum« hilft, sein Almosen richtig und nützlich, für Geber und Empfänger, an den Mann zu bringen.
Verlassen wir mit dem erleichterten Johannes Geiler die Sakristei der Straßburger Kathedrale, wagen wir uns mit ihm durch das Spalier der richtigen und falschen Krüppel, Bettler, Pilger und Mönche vor der Kirche auf den Markt, unter die Scharlatane und »Meister der sieben freien Künste«, in die Welt der Falsch- und Glücksspiele in den Schenken der Vorstädte und auf den Vagabundenstrich der Landstraßen ... Halt! Wer garantiert, daß es sich bei diesem Gang nicht doch um eine Phantasiereise handelt: Daß dieser Führer nicht nur die Erfindung eines braven Bürgers ist, den die Geschichten der Vaganten, Aufschneidereien und Lebensberichte zugleich, so fasziniert haben, daß ihm angesichts ihrer schillernden Welt die Phantasie durchging?
Daß es sich bei dem »expertus in trufis« nicht nur um einen selbsternannten Fachmann des Milieus handelt, erhellt ein aufschlußreiches Originaldokument aus den Prozessen gegen die zweite Bundschuh-Verschwörung 1513 zu Lehen. An ihr waren in der Vorbereitung viele Bettler- und Gaunerbanden beteiligt. Zur Ausführung kam es nicht. Dieses Dokument bringt uns in Erinnerung, wo die Krise der Zeit entstanden ist, wo die Ursachen der neuen Armut wirklich zu finden sind: In der neuen und unbarmherzigen Ausbeutung der kleinen Bauern auf dem Land. Es ist

der Vorabend der großen Bauernrevolution, die sich in Aufständen, Verschwörungen und Revolten ankündigt. Im Süden Deutschlands, im Elsaß und im Schwarzwald, wo die Herren des Landes ihre Bauern besonders unbarmherzig auspressen, arbeitet der revolutionäre Untergrund.

Die Bundschuhverschwörung, der zweite Versuch des Jos Fritz, die Bauern zu einer gemeinsamen militärischen Bewegung gegen die Herren zu versammeln, wird am Oberrhein seit 1510 vorbereitet.

Während die enteigneten Bauern im Untergrund der Vorstädte als Bettler und Gauner untertauchen, bereiten ihre zurückgebliebenen Brüder und Schwestern heimlich die Revolte vor. In den Aktionen des politischen und bewaffneten Untergrunds kommen sie wieder zusammen:

»Die Hauptleute« der Bettler- und Vagabunden-Banden, so schreibt der Protokollant des Prozesses gegen den Bundschuh, »sollten mit einer Zahl an die 2 000 an dem Tag, an dem im Elsaß-Zabern Jahrmarkt oder Kirchweih ist, zu Rosen zusammenkommen. Der Wirt in der Vorstadt — er heißt Jos zum Fuhrmann — und seine Söhne und Knechte sind auch im Bundschuh, und in der Stadt Jörg Schneider, der in Frankreich Hauptmann gewesen ist, und Wolfgang Selzer und Paul Springer. Denn sie rechnen damit, daß an diesem Tag das ganze gemeine Volk in Zabern ist.« Das ist nach Ansicht der Revolutionäre um Jos Fritz der richtige Moment, um an vielen Orten zugleich den bewaffneten Aufstand auszurufen. Wir wissen, daß dieser Aufstand, wie die vielen vorher, verraten wurde, daß alle, deren Namen hier zu Protokoll genommen wurden — nicht zufällig Wirte und Knechte aus der Vorstadt als Verbindungsleute der Bettler unter ihnen — unendlich Folter leiden müssen, damit sie den Hauptmann Jos Fritz oder andere »Rädelsführer« verraten, daß auch ihre Namen nur durch Folter ausfindig gemacht worden sind, daß sie nach dem Prozeß lebendig geviertelt werden, daß Jos Fritz und der Bundschuh nicht verraten wurden.

Aber »glücklicherweise« für uns neugierige Nachgeborene hat die deutsche Bürokratie schon in diesen finsteren Zeiten ordentlich funktioniert. Vor der Hinrichtung werden die Delinquenten exakt registriert.

Die Kostüme und Kleider, die Masken und Profile, die Gesichter und Charaktere der wilden Vagabunden hat das Protokoll festgehalten. Es gibt bis ins Detail Übereinstimmungen mit Täter- und Tatbeschreibungen des »Liber vagatorum«. Schlagkräftigerer Beweis für die Echtheit des Vagantenbuches ist vielleicht nur noch das Protokoll des Folterverhörs des Hanns von Straßburg, das wir später kennenlernen werden. Aber nirgendwo wurden die Erscheinungen dieser fernen und fremden »Gesellen« lebendiger festgehalten als im Prozeß gegen den Bundschuh.

Am Anfang unserer Reise in die Unterwelt sollen uns die leibhaftigen Bettler-Hauptleute empfangen:
»Einer hat zwei kaputte Schenkel, einen schwarzen kaputten Rock, einen schwarzen Hut und zwei Zeichen auf zwei Brettchen, das eine von Unserer Lieben Frau aus Einsiedeln, das andere von St. Anna...«
Der Protokollant hat keinen Grund zu trügen: Das ist kein falscher, sondern ein echter Lahmer, der mit den »Zeichen«, Reliquien oder einfachen Abzeichen, die man nur an heiligen Orten erwerben kann, seine Pilgerreise nach Einsiedeln »verkauft«. Sie wirkt etwas wahrscheinlicher, als die ins sagenumwobene spanische Santiago de Compostella, ist aber genauso hoch im Kurs.
»Der andere heißt Lorenz von Pforzen, ein junger Dicker ohne Kleidung. Der schreit laut und kräftig auf den Gassen und heischt durch St. Ziliags, dem ist der rechte Arm um den Ellenbogen herum offen, den läßt er nicht zuheilen.«
Auch hier scheint das Gebrechen echt zu sein und die Not so groß — der Mann besitzt nicht mal einen Rock, ist einfach nackt —, daß er die Wunde künstlich entzündet und eitern läßt, um almosenfähig zu sein.
»Der dritte hat ein Mädchen mit unterwegs, er verbindet dem Mädchen Füße und Brust, obwohl es da überhaupt nichts hat. Das Mädchen ist sieben Jahre alt. Der hat einen langen roten Bart, eine große graue Kornkappe auf und hat wohl acht Zeichen am Hut, namentlich die 14 Nothelfer und Unsere Frau St. Otilien. Er trägt einen starken Stecken, der hat unten einen langen Stachel und oben einen Haken dran, an dem kann man etwas hängen.«
Vater und Tochter — oder eine Zweckgemeinschaft? Kindern gibt man gern, besonders, wenn sie so mitleiderregend ausstaffiert sind. Der wüste Rotbartes, der ein Spezialist für den Handel mit Zauber- und Heiligenmagie zu sein scheint, trägt seinen Stecken schon fast wie eine Waffe.
»Der vierte ist ein kleines Männlein, ist rings um die Nase herum voller Aussatz, der trägt Flaschen aus Messing bei sich und hat zwei Säcke, der eine aus Leder und der andere aus Zwillich. Darauf hat er einen Hirsch gemalt, hat eine lange Joppe aus Zwillich an und allwegen einen Schleier um den Hals. Der fünfte hat früher Vieh gehütet in Kilchheim, (das gehört zum Stift Straßburg). Dem haben die Bundschuher zwei Gulden gegeben, daß er das Dorf vor Lorhausen, wo man Zoll nimmt, verbrennen soll, was er auch getan hat. Der Bettler heißt Jörg Franckh. Er hat einen Doppelsack aus Zwillich, wo man vorn und hinten etwas hineinlegen kann. Der sechste heißt Wölflein von Salzburg, trägt ein Messer wie ein Richtschwert, das nimmt er in die eine Hand, einen Stein in die andere und sagt, er büße eine Frau, die

er mit einem Metzgermesser zu Tode geworfen habe — das ist erlogen. Der siebente heißt Heinrich von Straßburg und heischt um St. Veltins Willen, der verkauft Theriak und Schlangensamen, der hat einen langen eisenfarbenen Rock, ein rotes Barett mit dem Kind vom Orient daran, einen Degen mit vielen Messern und einen Dolch mit eisernem Heft. Der achte hat einen langen weißen Bart, einen Mantel voller Flicken, ringsherum mit Leder besetzt. Der neunte heißt »das alte Künzlein«, hat einen Blumenrock, geht auf der rechten Seite mit einer Krücke und an der linken an einem Stock, der kommt aus der Nähe von Wolfach. Der zehnte hat einen Sack umgeschnallt, hat einen schwarzen Wams an mit gelbem Unterzeug, der hält sich um den Kaiserstuhl herum auf.«
Jeder dieser zehn Hauptleute hatte einen »Orden«, eine Brigade oder Bande von an die zweihundert Bettlern organisiert. Und doch sind die insgesamt zweitausend Briganten, die am Bundschuh-Aufstand teilnehmen wollten, nur ein Bruchteil vom ganzen Heer der Vagabunden und Bettler am Oberrhein.
Die andere Gesellschaft, die da heranwächst, weiß sich zu organisieren, weiß sich zu schützen und ist mit ihren geheimen Systemen der Wege und Hauszeichen, der eigenen geheimen Sprache und den vielen Verbündeten und Verbindungsleuten in Stadt und Land bestens ausgerüstet, sowohl für den Kampf ums Überleben als auch für den Kampf gegen die Herren.
Einige Vaganten werden mit dem Namen genannt, »Heinrich von Straßburg«, »Wölflein von Salzburg«. Sie tragen keine Adelstitel. Die Bürokratie versucht vielmehr, die Spuren dieser Verdammten zurückzuverfolgen, ihre Heimatorte oder letzten Aufenthalte auszumachen, sie zu lokalisieren und zu registrieren. Die, die zur »Elite« gehören, die schon frühere Prozesse, Untersuchungen, Folterungen und Gefängnisjahre ,geadelt' und aktenkundig gemacht haben, besitzen einen behördlich verliehenen Namen. Die anderen — bei der zu erwartenden Todesstrafe sind sie eh zum letzten Mal arrestiert — bleiben namenlos. Für die Behörden. In ihrer Welt besitzen diese Delinquenten Namen, die ihren Richtern verborgen bleiben.
Lassen wir die Hauptleute der Briganten, die Häuptlinge der Vaganten, nachdem sie uns der Gerichtsschreiber vorgestellt hat, und bevor sich uns die Welt ihrer Taten, ihrer »Nahrungen« enthüllt, sich mit ihren wirklichen Namen vorstellen:
»Fotzenhut, Duldenday,
Quinckquanck, Säumdichnicht,
Hundequaste, Schleiferbeck,
Herr Hodensack, Setzdenwurf,
Schneidewind und Galgenklöppel.«

Tanzendes Bettlerpaar
Kupferstich von dem Monogrammisten D. V. H., 16. Jahrhundert, Kupferstichkabinett Dresden.

Die Austreibung der Fahrenden
Geschichten eines Gaunerbuchs

1

»Im Anfang des sechzehnten Jahrhunderts erschien der Liber vagatorum, ein höchst interessantes Buch, welches die ganze Organisation der Bettler schildert, welches auf ihre Kniffe und Pfiffe aufmerksam macht, und das auch von Luther in seinen Schriften wiederholt empfohlen wurde, weil es dazu diene, die Nichtswürdigkeit der Vaganten, das heißt der herumstreifenden Bettler, klarzustellen und Mittel zu ihrer Unterdrückung anzugeben. (...)
Bettler und Bettlerinnen, die im Lande herumziehen, wissen mit vielem Raffinement ihre Schwindel in Scene zu setzen. Daß sie sich in Lumpen hüllen und möglichst verwildert in Haar und Bart aussehen, gehört zu ihrem Handwerk. Sie heucheln aber auch eine Menge von Gebrechen, wie Hinken, offene Wunden, gebrochene Glieder, und es giebt eine eigene Technik, um durch Bemalen oder durch Anwendung von Spanisch-Fliegenpflaster schauerlich aussehende Geschwüre zu heucheln, durch deren Vorweisung der kluge Bettler oft eine reichliche Gabe erzielt, weil der Geber wünscht, den schrecklichen Anblick loszuwerden.
Blindheit wird nur von Haus- und Ortsbettlern geheuchelt, nicht von weit herumziehenden Persönlichkeiten, weil jeder Blinde beim Herumziehen einen besonderen Führer haben muß, und die Rolle des Blinden sich nicht immer mit Genauigkeit durchführen läßt. Dagegen heuchelt der Bettler sehr oft Taubstummheit, verlangt Papiere zum Schreiben und theilt dann mit, daß er an Taubstummheit leide und um eine Gabe bitte. Bei solchen Bettlern passe man auf die Rechtschreibung auf, die sie in ihren Schriften benutzen. Die Taubstummen, die in Institutionen aus-

gebildet sind, schreiben nämlich ein sehr korrektes Deutsch, diejenigen aber, welche Taubstummheit heucheln, schreiben das Deutsch nach dem Gehör unorthographisch und so, wie ihnen das Wort im Ohr klingt. Ein beliebtes Mittel aber, um Taubstumme zu entlarven, besteht darin, hinter den Taubstummen überraschenderweise einen schweren Gegenstand zu Boden fallen zu lassen; der wirklich Taubstumme wird sich erschrocken und erstaunt umsehen, weil er durch die Füße das Erzittern des Erdbodens fühlt, der heuchlerische Taubstumme aber wird, wenn er sich beherrscht, vollkommen ruhig bleiben, weil er glaubt, er dürfe das Geräusch, das man hinter ihm verursacht hat, nicht hören. In verzweifelten Fällen wendet die Polizei gegen heuchelnde Taubstumme das Aetherisieren oder Chloroformieren an, weil in der Aether- oder Chloroformnarkose die Leute viel reden und auch der heuchlerische Taubstumme sich auf diese Art verrät.«

Oskar Klausmann, früherer königlicher Kriminal-Kommissarius, schreibt dies 1892 in seinem viel gelesenen Standardwerk »Verbrechen und Verbrecher. Mitteilungen zum Schutze des Publikums. Aus der Praxis — für die Praxis«. Eine späte und willkürlich gewählte Fortsetzung des Liber vagatorum. Woran erkennt man die Simulanten? Wie schafft man es, klüger zu sein als diese abgefeimten Burschen? Der geheuchelte Taubstumme — eine Figur, die statt Mitleid Kontrolle und unerbittliche Entlarvung auf den Plan ruft.
Zwischen den guten Armen und den bösen besteht in der Geschichte der christlichen Mildtätigkeit von Anfang an ein Widerspruch. Die guten, ‚wirklichen', schuldlos Verarmten haben Erbarmen verdient. Sie sind es, die spielend leicht ins Himmelreich gelangen, verglichen mit dem Reichen, der warten muß, bis ein Kamel durch's Nadelör schlüpft. Die bösen, das sind die Vortäuscher, die Simulanten, Trickbetrüger. In Wirklichkeit, das heißt in der Phantasie der Bemittelten, leben sie in Saus und Braus. Sie betreiben die Bettelei als Geschäft, sind arbeitsscheu und verdienen vielleicht besser als mancher Almosengeber.
Der Widerspruch hält sich hartnäckig über all die Jahrhunderte, nicht bloß bis zum Kommissar Klausmann. In diesem Widerspruch stoßen zwei christliche Helfer-Konzepte aufeinander: die Caritas, tätige Nächstenliebe, die das Gute aus Prinzip zu tun gebietet und eine ‚Caritas-Kontrolle', die prüft und wägt, ob das Gute den Richtigen trifft und es in ein Rechnungssystem einbaut, in dem der Glaube mit der eigenen Seligkeit bilanziert wird.
Das Almosen sucht den Widerspruch zwischen Güte und Kalkül zu lösen. Es hilft dem Armen, dem Bettler und nützt dem Spender. Es ist (‚Geben ist seliger denn

Nehmen') zugleich gut und gut angelegt; der beschenkte Bettler betet für das Seelenheil des Gebers. Später, als zwischen 1170 und 1200 das Fegefeuer zur kalkulierbaren Strafinstanz wurde, der Ablaß zu einem ausgeklügelten System der Sündentilgung, überwucherte das Seligkeits-strategisch eingesetzte Almosen die Motive des reinen Schenkens.

Der heilige Cyprianus, Kirchenvater und Bischof von Karthago im dritten Jahrhundert, hatte einer instrumentellen Verwendung des Almosens schon früh die Parole geprägt: »Mit dem Almosen und dem Glauben reinigt man sich von den Sünden. So wie das Wasser Feuer löscht, tilgt das Almosen die Sünde.« (zitiert nach Piero Camporesi: Il libro dei vagabondi, Turin 1973, S.13)

Nun bleibt aber jedes Almosen ein Opfer. Trotz des hohen Wertes für die Seligkeit bleibt etwas irdische Trauer darüber, daß man gerade durch Hergeben des Geldes, des Besten also, in den Genuß des Seelenheils gelangt. Diese Traurigkeit nährt den steten Verdacht, der Arme simuliere sein Elend, der Bettler verfüge insgeheim über gewaltige Schätze. Dann nämlich müßte nichts geopfert werden; mit falschen Bettlern funktioniert das Almosen nicht.

Daß es wirklich ‚falsche Bettler' gegeben hat — das Mittelalter nannte sie ‚valides mendicantes', ‚starke' Bettler —, zu jedem Typen des menschlichen Elends das passende simulierende Double, das steht auf einem anderen Blatt. Das Titelbild einer der ersten Ausgaben des Liber vagatorum zeigt einen wandernden Bettler, der, auf einer Prothese gehend, sein durchaus vorhandenes Bein sichtbar versteckt. Der unbekannte Holzschneider folgt da schon einem ikonographischen Stereotyp; in Sebastian Brants ‚Narrenschiff' findet sich das Bild des mutwillig hinkenden Bettlers, es stammt sehr wahrscheinlich von Albrecht Dürer.

Der Illustrator will — überdeutlich — den Bein-Betrug aufdecken. Er zeigt aber auch, daß es für das Elend der umherziehenden Bettler ziemlich gleichgültig ist, ob einer von ihnen ein Bein verloren hat oder auf recht anstrengende Weise ein vorhandenes hochbindet und verbirgt.

Nur für den Diskurs des ‚falschen Bettlers', des Almosen-Erschleichers ist das unehrliche Holzbein von Bedeutung, und in der Tradition dieses Diskurses steht der Liber vagatorum. Es bildet, zumindest für den deutschen Sprachraum, einen kaum mehr überschrittenen Höhepunkt in der Darstellung der schillernden Figur des ‚Täusch-Bettlers'; als solcher repräsentiert er, was wir ‚Täusch-Kultur' nennen wollen, das im sechzehnten und siebzehnten Jahrhundert besonders verbreitete Verkehren, Verzerren, Vertauschen der Realität: im Spiel und beim Versuch, die Erschütterungen der alten Ordnungen nachzuzeichnen.

Wo die Geldwirtschaft den Tauschhandel vollends verdrängt, die Kirche auseinanderbricht, fremde Welten das Bild der eigenen durchdringen, wo man mit Hilfe von optischen Zaubergeräten alles ganz klein oder ganz groß sehen kann, und wo schließlich sehr seltsame Maschinen Menschenarbeit verrichten, da kann man seinen Augen nicht mehr trauen. Und wenn die Bettler, Gauner und Betrüger sich die allgemeine Irritation zunutze machen, den wohl kalkulierten Gebe-Sinn täuschen, dann werden sie zu Täusch-Agenten, die stellvertretend für alle nicht recht faßbaren Verwirrungen herhalten müssen. Wenigstens unter den Fahrenden, dem niederen Volk der Gauner und Gaukler soll für Ordnung gesorgt werden, wenn schon überall Unordnung herrscht.

Der Liber vagatorum ist aber nicht nur ein Register des Betrugs und falschen Scheins. Das Büchlein hat an der ‚Dialektik des polizeilichen Blicks' teil. Es verliert sich nicht bloß angewidert in den Details der Subkultur der Scharlatane, fahrenden Scholaren und Schein-Epileptiker. In die als Erkennungshilfe gedachte Täusch-Typenlehre schleicht sich ein Rest von Lachkultur ein, von Faszination an dem, was bekämpft werden soll. So können wir nach mehr als 450 Jahren durch den Schleier des Diskurses vom betrügerischen Armen hindurch, den Reichtum der geschilderten Täusch-Kultur ermessen.

In diesen ‚Geschichten eines Gaunerbuches' wird der Liber vagatorum in den Kontext der Gauner- und Bettlerliteratur gerückt. Erzählt wird, was ihm voranging, und wie er im Laufe der Jahrhunderte gelesen und benutzt wurde. Ein Blick auf italienische, französische und englische Entsprechungen macht ein internationales Panorama gaunerischer Kulturen sichtbar.

Am Ende dieses Prologs soll Johannes Chrysostomos zu Wort kommen, der Bischof von Konstantinopel, der, als er im Jahre 407 gestorben war, zahllose Handschriften hinterließ: unter anderem ein Traktat, in dem er sich mit den ‚valides mendicantes' befasste. Er gehört zu den wenigen, die der Caritas-Kontrolle eine Absage erteilten.

»Da omni petenti – gib jedem, der bettelt – und widerstehe niemandem, der dich um ein Almosen bittet. Extende manum tuam, ne sit contracta – streck deine Hand aus und zieh sie nicht zurück. Non sumus vitae examinatores – wir sind nicht die Kontrolleure des Lebens, die Zeit der Liebe ist angebrochen. Der Liebe und der Mildtätigkeit – benegnitatis et clementiae est tempus non accuratae et exactae examinationis – wir brauchen keine kleinlichen und genauen Überprüfungen. Mitleid ist an der Zeit, nicht kleinliche Überlegungen – misericordiae est tempus non ratiocinationis.«

Und den Überprüfern redet er ins Gewissen: »Wenn der Arme eine Verletzung simuliert, dann liegt das nur an seiner großen Not, in die er erst durch deine Grausamkeit und Unmenschlichkeit geraten ist! Sein erbarmungswürdiger Zustand und seine demütigen Bitten haben ja nicht ausgereicht, dein Mitleid zu erregen.« (zitiert nach: Erik von Krämer: Le type du faux mendiant dans les littératures romanes depuis le moyen âge jusqu'au XVIIe siècle, Helsingfors 1944, S.19)

★

Der Liber vagatorum besteht aus drei Teilen: ‚Das Erst deil diß buchlins', enthaltend 28 Bettler- und Gaunertypen. ‚Das ander teil', eine gedrängte Fassung weiterer betrügerischer Vorkommnisse und schließlich ‚Das drit teil diß büchlins', der ‚Vocabularius', ein in dieser Fülle bis dahin einmaliges Lexikon des Rotwelschen mit zweihundertneunzehn Wörtern.
Die Versuchung ist nicht gering, die Geschichte der Mutmaßungen über die Person des im Liber nicht genannten Verfassers sehr ausführlich zu erzählen. Ein bißchen wird man an die reißerische Suche nach B.Traven erinnert, der ja sowohl Jack London als auch zum Beispiel Ambrose Bierce hätte sein sollen. Philologen und Text-Detektive schlugen Sebastian Brant, den berühmten Autor des ‚Narrenschiffs' (1494) oder Thomas Murner, den Bekämpfer der Reformation und Dichter der ‚Narrenbeschwörung' (1512) und Pamphilus Gengenbach, den Baseler Drucker und wenig erleuchteten Schriftsteller als Autor des Liber vagatorum vor. Alle diese und manch andere Zuschreibungen bezeugen den philologischen Herzenswunsch, der ‚berühmte Liber vagatorum' möchte doch bitte von einem ebenso berühmten Verfasser stammen. Eine bescheidenere Lösung bietet Peter Assion an. Er geht gründlich der Spur eines Alfred Götze nach, der im Jahre 1901, wiederum den Ausführungen des badischen Lokalhistorikers Moritz Gmelin folgend, einen Spitalmeister des Pforzheimer Heilig-Geist-Spitals als Autor des Liber ausmachte. Die Spur war in der niederdeutschen Ausgabe des Liber (um 1510) entdeckt worden. Dort hieß es in einer vom Übersetzer hinzugefügten Vorbemerkung zum dritten Teil: »Dat dridde deil dusses boks is de vocabularius des rotwelschen so de bedeler ok welke andre to bedregen de lude gebruken, ob dath seck malck dar vor huden und ör schalckheit verstan mag, so is de utleging hir in gedrukt sovil des ein Spitalmeister up dem Ryn geweten hefft de dan dit bock to Pfortzen int erste heft drucken laten dem meinen beste und aller werlt to gude.« (Friedrich Kluge: Rotwelsch. 1. Teil: Rotwelsches Quellenbuch, Straßburg 1901, S. 75)

Pforzheim, so wurde herausgefunden, liegt vom Rhein nur 33 Kilometer entfernt, von Niederdeutschland aus betrachtet mag das sehr nah sein. Als die Erstausgabe des Liber erschien (1509/1511), war in Pforzheim ein gewisser Matthias Hütlin Spitalmeister. Seither wird Hütlin meist als Verfasser des Liber angesehen. In das maßgebliche Verfasserlexikon von Wolfgang Stammler wurde er als solcher aufgenommen. Lapidar heißt es dort: »... verfaßte um 1509/11 den Liber vagatorum, eine Schilderung des *Brauchtums und der Sprache der Landstreicher.*« (Die Deutsche Literatur des Mittelalters, Verfasserlexikon, hrsg. von Wolfgang Stammler, Bd. II, Berlin und Leipzig 1936, Sp. 545f.)

Wenn es zum ,Brauchtum' von Dutzbetterinnen gehört, Kröten zu gebären und Hans von Straßburg, der im ,ander teil' erwähnte geblendete Salbenkrämer (Robert Jütte hat ihm in diesem Buch einen Exkurs gewidmet) ein gewöhnlicher Landstreicher ist, dann kann man auch Wilhelm Heinrich Riehl, dem Begründer der deutschen Volkskunde zustimmen, der in seiner ,Naturgeschichte des Volkes' den Liber »einen ersten kindischen Versuch zu einer Naturgeschichte der Gesellschaft« nennt. (Nach F.C.B. Avé-Lallemant: Das deutsche Gaunertum in seiner sozialpolitischen, literarischen und linguistischen Ausbildung zu seinem heutigen Bestande, Wiesbaden, Reprint Wiesbaden o.J., S. 136).

Solch ideologische Integrationsmanöver zerstören die erwähnte Dialektik von Kontrolle und Faszination. Die subversive, stets zweideutige Täuschkultur der Fahrenden wird im Stammbaum einer harmlosen Volkskultur verwurzelt und verwässert. Der Pforzheimer Spitalmeister, oder wer auch immer den Liber besorgte, hatte ständigen Kontakt mit den hintertriebenen Verwandlungskünstlern. Er wollte nicht deren ,Brauchtum' überliefern, schon gar nicht die ,Gesellschaft' porträtieren; warnen wollte er, den Blick schärfen für eine ganz bestimmte Gesellschaft, die er einerseits im Zaum halten, andererseits aber auch versorgen mußte. Er war darauf angewiesen, sich zu arrangieren mit dem ,Bettlerorden'. Deshalb, vermutet Friedrich Kluge, Herausgeber des grundlegenden rotwelschen Quellenbuchs, hat der Liber-Autor seinen Namen nicht preisgegeben. Er wollte von den enttarnten Gaunern nicht verprügelt oder Schlimmeres werden.

»Bei der Zudringlichkeit der zum Teil gefährlichen, immer unbequemen Menschenklassen, die den Gegenstand des Liber vagatorum bilden, hatten Verfasser und Verleger ein großes Interesse daran, unbekannt zu bleiben«, heißt es kurz und ehrlich bei Kluge. (Rotwelsch, S. 36)

Und trotz der von Peter Assion versammelten Belege für die Autorschaft des Spitalmeisters Hütlin ist es dem Liber-Verfasser bis heute gelungen, unerkannt zu blei-

ben; denn aus der niederdeutschen Version läßt sich weder eindeutig der Wohnort des Spitalmeisters noch zweifelsfrei seine Autorschaft erschließen.
Hütlin mag für den Druck gesorgt haben, vielleicht auch etwas zum Text beigetragen, als (alleiniger) Autor kann er nicht gelten. Es entspricht auch dem Charakter des Gaunerbüchleins, nicht von einem namhaft zu machenden Verfasser geschrieben worden zu sein. In ihm laufen viele Fäden zusammen. Rekonstruiert man die bis heute bekannt gewordenen Quellen und Vorstufen des Liber, findet man eine Art ‚kollektiv-behördliche Text-Tradition'.
Die behördlichen Gauner-Erkennungs-Glossare sind zudem eingebettet in eine breite Tradition der Falschbettler-Kultur. Nicht nur hat die Kirche immer und immer wieder den betrügerischen Armen zur Schreckfigur der Caritas gemacht; die Volkskultur nimmt sich des falschen Bettlers an, um ihn mit Hohn und Spott zu überschütten. Endlos wird auf dem Theater das Motiv des blinden Bettlers variiert, der von seinem Führer betrogen wird oder selbst in Wahrheit ganz gut sieht. Aber Hohn und Spott halten sich die Waage, vermischen sich, und oft kann es passieren, daß unter den Spott geheime Sympathie sich schleicht. Darüber wird anhand von Beispielen zu erzählen sein.
Neben dem lateinischen Traktat ‚de multiplici genere mendicantium' sind für den Liber vor allem die ‚Basler Betrügnisse der Gyler' (Bettler) als Quellen zu nennen. Der Stadtschreiber Johannes Zwinger hat dieses Gaunerverzeichnis um 1430/40 in einen offiziellen Aktenband der Stadt Basel eingetragen, in dem es erhalten blieb. In den ‚Betrügnissen' finden sich ‚Erkenntnisse' über 28 verschiedene auf Rotwelsch genannte Bettler- und Gaunertypen, die dann fast alle im Liber — oft wörtlich — wiederkehren. Im Anschluß an die kurz gefaßten Porträts der Grantener, Sweiger, Brasseln oder Spanfelder und Vopper gibt es ein kleines Rotwelsch-Glossar, das noch sehr viel bescheidener als das dem Liber angefügte Lexikon ist.
‚Billen' entsprechen den ‚Biltregerinnen' des Liber. Eine kleine Probe aus den ‚Basler Betrügnissen' mag genügen. Wenn man auch nicht jedes Wort versteht, weiß man immerhin, wie gegen 1435 in Basel über Bettler geschrieben wurde.
Bille: Item es sint ouch etliche frowen, die bindent alte wammesch und bletzen über den lip under die cleider, das man wennen sölle, sy gangen mit kinden. und daz heisset *mit der billen* gegangen. (Kluge, Rotwelsch, S.11)
Wahrscheinlich gehen die erhaltenen Handschriften der Basler Betrügnisse auf eine — verlorene — Straßburger Quelle zurück. Als Autoren solcher Gaunerverzeichnisse kann man sich städtische Bedienstete vorstellen, die von Berufs wegen mit den Fahrenden zu tun hatten und in der Lage waren, die Gaunersprache, das Rotwelsch zu verstehen und niederzuschreiben.

Die größeren Städte halfen sich mit Gaunerverzeichnissen gegenseitig aus. Peter Assion weist auf einen Eintrag in den ‚Basler Missiven' hin, das sind die ‚gesammelten Abschriften der aus der Stadt Basel ausgegangenen Sendschreiben'. Darin findet sich unter dem 28. Juli 1410 in einem Brief an die Stadt Bern folgender Passus: »Wir schicken Euch hier auch noch eine Sammlung mit Material über die Bettler, die der Welt durch Betrug das Geld abnehmen. Das haben uns unsere lieben Freunde und Eidgenossen aus Straßburg gesandt. Ihr werdet Euch damit vor ihren Betrügereien umso besser beschützen können.« (Zitiert und übersetzt nach: Peter Assion: Matthias Hütlin und sein Gaunerbüchlein, der ‚Liber vagatorum'; in: Alemannisches Jahrbuch 1971/72, S. 76)

Möglicherweise handelt es sich bei der Sammlung um die Basler Betrügnisse; jedenfalls demonstriert dieser Brief, wie im interurbanen Behördenverkehr das Wissen über die Tricks und Traditionen der Vaganten zirkulierte. So haben sich die Stadt-Oberen untereinander über die Rotwelsch sprechenden Gauner verständigt, haben wahrscheinlich die Texte korrigiert, erweitert, aktualisiert. Das Wissen mögen ihnen Spitalmeister und Siechenpfleger zugetragen haben:

‚Die Spitäler und Siechenhäuser boten durch ihre Lage vor der Stadt lichtscheuem Gesindel vielfach günstigen Unterschlupf. Außerdem war die Verbindung zwischen den mit amtlicher Erlaubnis Almosen heischenden Siechen und den gaunerischen Berufsbettlern, die häufig Siechtum vortäuschten, recht eng. Noch 1753 gestand ein in Hildburghausen (Thüringen) einsitzender Gauner:

‚Die mehresten Spitalmeister hielten es auch mit denen Dieben und dienten die Spitäler und Armenhäuser zur Aufnahme des Diebsgesindels.' (Siegmund A. Wolf: Studien zum Liber vagatorum; in: Beiträge zur Geschichte der deutschen Sprache und Literatur, Halle a.d. Saale, 1958, 80. Band S. 162)

Es scheint einen ständigen Wettlauf gegeben zu haben zwischen der gaunerischen Subkultur, ihrer Berufssprache, den Tricks und Täuschungen auf der einen Seite und den Enttarnungsapparaten auf der anderen. Im Liber wurde der rotwelsche Wortschatz erheblich erweitert, wurden mit Ort, Namen und Datum Gaunereien benannt, wurde unter den Bettlern feiner differenziert.

Die Frage nach dem ‚Autor' des Liber vagatorum sollte sich also erübrigen. Es stand Kultur gegen Kultur. Täusch- und Trickwissen gegen Erkennungs- und Verfolgungswissen. Nicht ein einzelner Autor hat da sein Wissen systematisiert, er hat höchstens zusammengefaßt, was zwischen den Kulturen stattgefunden hatte: die Unordnung der Täuscher versus den Diskurs der Getäuschten, Verwandlung gegen Raster.

Nun hatte man mit den paar Brocken Rotwelsch (es wurden immer mehr) ein Lexikon des Abschaums. Hier ließen sich die dunklen Gewalten der Straßen und Wälder, Winkel und geheimen Lager erhellen. Und man konnte damit spielen. Konnte das Rotwelsche in die Literatur einbauen, wo eine Nähe zu den niedrigsten Schichten es ratsam erscheinen ließ. Dort unten braute sich manches zusammen. Verworfenheit, Betrug, Verbrechen, daraus ließ sich immer eine schöne, schaurige Literatur machen.

Michael Behaim wurde 1474 erschlagen. Friedrich Kluge, der Rotwelsch-Sammler, fragt: »Fiel er etwa von der Hand der Landstreicher, gegen die er als Schultheiß in Sulzbach streng vorgegangen sein wird?« (Kluge, Rotwelsch, S. 16)

Da wirkt die Faszination noch nach Jahrhunderten. Ob der strenge Schultheiß, obwohl er anders dichtete, doch nicht der ärgste Gauner-Feind war? 1470 schrieb er ein Gedicht: ‚Von den sterczern, wie sy die leut petriegen'.

Daraus zwei Strophen:

Hort auch von den weltlichen, wie
Sy manchen auch betoren hie.
Ettlich verstellen sych, sam sie
Arm und iemerlich finde,
Lam, chrum, zeprochen, plinde
...

Auch pinden etlich, dunket mich,
Eins toten menschen arm an sich,
Der in durr und jemerlich
Zu dem ermel aus hanget.
(Kluge, Rotwelsch, S. 17)

Michael Behaim spickt das Klagelied über die betrügerischen Bettler mit rotwelschen Spezialvokabeln. Die beliebte Nummer mit den Gliedern, die man Gehenkten abnimmt, war ein oft benutzter Topos in der Gauner-Literatur.

Es trifft sich dort so schön das Verworfene mit dem Unheimlichen. Der berühmte Chirurg Ambroise Paré, der im 16. Jahrhundert vier französische Könige bei Hofe überdauerte, schrieb im 19. Band seiner gesammelten Werke (zwischen 1573 und 1579) über Falschbettler aus der Sicht des Arztes. ‚Des Monstres et Prodiges' hieß das Buch, über ‚Monster und Wunder'. Dort berichtet er ausführlich und gleichwohl mit Gänsehaut über verschiedene, ihm zu Ohren gekommene Fälle von Glieder-Diebstahl durch betrügerische Bettler.

Ein Bettler hat sich den verwesten Arm eines Gehenkten äusserst geschickt — und das interessierte den Chirurgen — an seinen gesunden gebunden. Leider fiel der tote Arm eines Tages beim Empfang des Almosens zu Boden, worauf der Glied-Betrüger ausgepeitscht und auf ewig des Landes verwiesen wurde.

Paré sammelte auch andere Formen von vorgetäuschten Leiden. Eine Frau versicherte, in ihrem Bauch würde eine Schlange leben, die viel zu essen braucht. Der geniale Chirurg nahm sie sich vor und fand heraus, daß die Bettlerin sich eine spezielle Muskelbewegung in der Magengegend antrainiert hatte, die schlangenförmig verlief. Die Frau wurde ausgepeitscht und fortgejagt. In der Nachbarschaft von Kälbern mit zwei Köpfen und Kometen, die die Pest ankündigen, wird, was die Bettler betrifft, die richtige Mischung erreicht: schauerlich und auf Betrug gegründet.

Hundert Jahre zuvor hatte Matthias von Kemnat, der mit Michael Behaim zusammenarbeitete, in einer Friedrich I. von der Pfalz gewidmeten Chronik die ‚Basler Betrügnisse' benutzt, um vor dem Geschlecht zu warnen, das er so kennzeichnete:

»Die sect treibet kein glyßnerei, dan sie sint inwendig als bosse als auswendig. Und das geschlecht ist von art und natur fule, fressig, dreg, schnode, lugenhafftig, betrogen spiler. geuckler, gotschwerer, diebe, rewber, morder, vast gesunt und starck, unnutz got und der welt, der gemein, geistlich und weltlich, arme und reich, und betragen sich allein des bedtelns und geilens und haben gefonden den fundt, das sie one alle arbeit betruglichen den pfenningk und das brott gewinnen mit mußig gehn.« (Kluge, Rotwelsch, S. 20f.)

Da versammelt sich schon die ganze Hydra, die wenig später im Namen der von Karl Marx beschriebenen ‚Ursprünglichen Akkumulation' gegen das arbeitsscheue Gesindel zufelde ziehen sollte: ‚faul, gefräßig, das Geld nicht für Arbeit, sondern für nichts, für gerissenen Müßiggang.' Matthias von Kemnat, der seinen Bettler-Bericht in der Chronik auf das Jahr 1475 schrieb, zählt sie dann, ganz den Basler Betrügnissen folgend, alle auf: die Grantner, Schwigerer, Sonnenweger, Cambisirer und Geiser. Bei ihm ist keinerlei Ambivalenz zu spüren; trocken und böse werden die Gauner vorgeführt, auf daß man sie fortschaffe.

1494 erscheint das ‚Narrenschiff' von Sebastian Brant. Über das Verhältnis von populären Stoffen und moralisch-religiöser Absicht bei Brant ist viel gesagt worden. Er schafft ein Narren-Panoptikum, zur Warnung und zum Vergnügen. Nie wäre das ‚Narrenschiff' zu einem der erfolgreichsten Bücher der frühen Neuzeit geworden, wenn unter all den Narren, die aufs Schiff geschickt werden, um nach Schlaraf-

fenland zu fahren, ins Land der Taugenichtse, nicht auch gute alte Bekannte aus den Wunschzeiten des Volkes zu finden gewesen wären.
Im 16. Jahrhundert gibt es ein großes ‚Scheide-Projekt'. Die Ambivalenzen des Mittelalters, Satire, Schalk und bitterer Ernst rücken auseinander, werden auseinandergedrückt. Einer der großen Anwälte dieser Zäsur ist Martin Luther. Über ihn später mehr, denn er hat sich den Liber vagatorum vorgenommen, um ihm seinen Stempel aufzudrücken, ihm seine tiefe Abneigung gegenüber jeder unüberschaubaren Volkskultur einzuprägen.
Brants ‚Narrenschiff' selbst segelt wohl auf den Horizont der Neuzeit zu; der Wind bläst noch vom Mittelalter her. Die sieben Hauptsünden des Mittelalters — Hochmut, Geiz, Völlerei, Wollust, Neid, Zorn und Trägheit — sind in Brants Narrenbuch ständig präsent, aber neue Torheiten kommen hinzu. Wer etwa auf die mittelalterlichen Ärzte vertraut, auf die Künste der Salbenkrämer und Quacksalber, der ist ein Narr. Wer in der Kirche beim Gottesdienst Lärm macht und sogar Hunde und Vögel in die Kathedrale treibt, wer also nicht in der Lage ist, die Grenzen zwischen den unterschiedlichen Sphären zu ziehen, der muß aufs Schiff nach Narragonien. Der Narr hält nicht den Spiegel vor die Verhältnisse, verlacht nicht die Ordnung, um auf ihre Risse aufmerksam zu machen; er ist dumm und böse, ganz abgesehen von allen anderen schlechten Eigenschaften wie Faulheit oder Spieltrieb.
Sebastian Brant lehrte, als das Narrenschiff erschien, an der juristischen Fakultät der Universität Basel. Dort hatte er reichlich Gelegenheit, das Bettlerwesen aus eigener Anschauung kennenzulernen. Auf dem Kohlenberg, der seit Ende des 14. Jahrhunderts zum Gebiet der Stadt Basel gehörte, hatte sich eine ausgedehnte Bettlerkolonie gebildet. Dort sammelten sich die Outcasts der Basler Stadtgesellschaft: Die Sackträger, Kloakenreiniger, Totengräber, der Henker und die Schergen und — wenn man Avé-Lallemant glauben will — bis zu 40 000 Bettler. Mag sein, daß die Basler Bürger sich vor der »entfesselten Flut des Bettlerunwesens« (Werner Danckert: Unehrliche Leute. Die verfemten Berufe, Bern 1979, S. 208) fürchteten.
Daß Brant die ‚Basler Betrügnisse' kannte, ist mehr als wahrscheinlich. Im 23. Gedicht des ‚Narrenschiffs' rechnet er mit den Bettlern ab. Ihr Rotwelsch zitiert er, um es zusammen mit den Benutzern zu denunzieren.

★

Daß der Liber vagatorum um 1509/11 zum ersten Mal erschienen ist, läßt sich leicht rekonstruieren. Im 15. Kapitel, das von ‚den Dutzbetterin' handelt, wird die Geschichte von der sagenhaften Krötengeburt mit Datum erzählt: »Als kürzlich in dem tausendfünfhundertundneunten Jahr nach Pforzheim eine Frau kam, erzählte dieselbe Frau, wie daß sie ein Kind und eine lebendige Kröte vor kurzem zur Welt geboren habe.«
1512 erscheint Thomas Murners ‚Narrenbeschwörung', in der im 16. und im 56. Kapitel auf den Liber angespielt wird.
In der Nachfolge Sebastian Brants inszeniert Murner seine böse Schelmen-Schelte. ‚Der verlorene Haufen' heißt das einschlägige (16.) Kapitel.

»Ein Schelm hat bsunder freud daran,
das er verwürre yederman.«

Ertränken sollte man die Leutbetrüger...

»Suppenfresser/lecker/kupler,
Schmorutzer/ und schmalzbetteler,
Federkluber/schlyffer/wender
Faltenstrycher/wyber schender,
Schlegel werffer/oren blaser,
Kutzenstrycher/schanden maser,
Grantner/vopper/und vagierer,
Klencker/depser/karmesierer,
Kürtzner/dützner/granerin,
Schlepper/schwertzner/hörendt dryn.
In rotwelsch sind da bös stocknarren,
Die all mit schlemen zamen faren.«
(Thomas Murner: Narrenbeschwörung. Hg. von M. Spanier, Berlin und Leipzig 1926, S. 180f.)

Durch Typenvergleichung wurde der Drucker des Liber vagatorum festgestellt: Thomas Anshelm von Baden zu Pforzheim. Die Stadt wurde ja schon in der niederdeutschen Ausgabe ausdrücklich genannt. Der vollständige Titel der Erstausgabe lautete: »Liber Vagatorum. Der Betler orden«. Wie schon angedeutet, klingt im ‚Orden' der Bettler die Tradition der ‚verkehrten Bünde', der falschen Zünfte,

weltlichen Klöster oder auch der utopischen Wunschländer an. Das Schlaraffenland wird zur gleichen Zeit als Königreich dargestellt, nur daß der ‚König von Schlauraffen Landt' der größte Fresser und Faulenzer ist.
Wenn im Liber vagatorum vom ‚Orden der Bettler' die Rede ist, soll gewiß wie in Thomas Murners Schelmen*zunft* die eigentlich gemeinte Unordnung, das trügerische Durcheinander, gebündelt werden, damit es gezielt verdammt werden kann. Aber, noch war die Lachkultur des Volkes nicht ganz und gar verdrängt. ‚Der Bettler Orden', das war immer noch Stoff für Schauspiele, Schwänke und Holzschnitte, die nicht nur schreckten.
Der Liber vagatorum markiert den Höhepunkt der literarisch-dokumentarischen Versuche, den Gaunern auf die Schliche zu kommen. Das Lexikon ist auf 219 Notierungen angewachsen, das gesammelte Wissen über die Falschbettlerszene hat enorm zugenommen. Bevor über die weitere Rezeption und Verwendung des Liber berichtet wird, sollen drei europäische Gaunerverzeichnisse vorgestellt werden, die, dem Liber vergleichbar, die unheimlichen Umtriebe der Fahrenden zu systematisieren versuchen.

★

Es handelt sich um
— den ‚Speculum cerretanorum', ‚Spiegel der Scharlatane', den Teseo Pini, ein Vikar aus Urbino und Doktor beider Rechte, der auch als eine Art Sozialrichter arbeitete, 1484/86 verfaßt hat,
— das wahrscheinlich autobiographische Werk ‚La Vie Généreuse', in dem Monsieur Pechon de Ruby, Gentil' homme Breton eigene Erfahrungen unter Bettlern und Gaunern schildert. Das Buch erschien 1596 in Lyon; und
— das Warnbuch des englischen ‚Sozialreformers' Thomas Harman, den ‚Caveat for Common Cursetors', den der gebildete Landgutbesitzer 1566 oder 1567 veröffentlichte. Zu deutsch: ‚Warnung vor der allgemeinen Bosheit'.

Der italienische Kulturwissenschaftler Piero Camporesi fand das bislang unbekannte Manuskript des ‚Speculum cerretanorum' in den Archiven des Vatikan und veröffentlichte es 1973 mit einer Einleitung, die ein umfassendes Werk über die europäische Gaunerliteratur geworden ist. (Il Libro dei Vagabondi. Lo ‚Speculum cerretanorum'di Teseo Pini, ‚Il Vagabondo' di Rafaele Frianoro e altri testi di ‚furfanteria', Turin 1973)

Bekannt war bislang lediglich das 1621 zum ersten Mal erschienene Gaunerbuch ‹Il Vagabondo› des Dominikaners Giacinto De Nobili, der unter dem Pseudonym Rafaele Frianoro schrieb. ‹Il Vagabondo ovvero sferza de bianti e vagabondi› lautet der vollständige Titel: ‹Der Vagabund oder die Geißel der Bettler und Gauner›.

Daß Frianoro sein überaus erfolgreiches und populäres Gaunerbuch von Teseo Pinis Traktat beinahe abgeschrieben hat, wußte vor Camporesis Fund niemand. Der Vagabundenfresser als Textdieb.

Camporesi hat über Teseo Pini nicht viel herausfinden können: »Während die Bischöfe (um von den Kardinälen ganz zu schweigen) ihre Chronisten und Historiker gehabt haben, interessierten die Vikare niemanden, niemand hat sich je die Zeit genommen, von ihrem Leben und ihrer Zeit zu erzählen.« (Camporesi, S. 67 der Einleitung). Und so weiß man über den Bischof, in dessen Dienst Pini gestanden hat, eine ganze Menge, zum Beispiel, daß er 1473 von Papst Sixtus IV nach Deutschland geschickt wurde, um fünf Jahre lang in Köln als Nuntius zu residieren. In einer Art ‹erzählender Philologie› stellt dann Camporesi die Verbindungen zwischen den ‹Basler Betrügnissen› und Teseo Pinis ‹Speculum cerretanorum› her.

»Es ist sehr wahrscheinlich (und diese Einzelheit ist wichtig), daß in einer der Reisekisten des zurückkehrenden Gesandten das Manuskript der ‹Basler Betrügnisse› eingepackt war. Diese Blätter werden dem aufmerksamen Vikar nicht entgangen sein.« (Camporesi, S. 160 der Einleitung)

Wie schön, daß sich in der nachgelassenen Bibliothek des Girolamo Santucci, so hieß Pinis Bischof, ein ‹Tratato contra ceretanos› fand, vom Bischof höchstselbst verfasst.

Der Vikar und Richter, der von Berufs wegen mit Gestrauchelten zu tun hatte, mag die ‹Basler Betrügnisse› mit größtem Interesse gelesen haben. Kannte er die dort beschriebenen Vagabunden nicht auch alle? Der Traktat seines Herrn mag ihn angespornt haben. Nun war der Vikar Pini aber ein ziemlich gebildeter Mann. Folglich wollte er sein Wissen nicht einfach herunterschreiben. Ein anspruchsvolles Werk wollte er hinterlassen, die mühsam gelernte klassische Rhetorik mit seiner Gauner-Lebenserfahrung verbinden.

Zunächst wird erklärt, wer diese ‹Cerretani› seien. So werden sie genannt nach der Stadt Cerreto im ehemaligen Fürstentum Spoleto. Sehr alten Sagen und Erzählungen zufolge sollten die Einwohner dieser abseits auf einem Berg gelegenen Stadt die allergrößten Gauner, Betrüger und Marktschreier Italiens sein. Camporesi geht den Schilderungen bei Teseo Pini nach und erkennt in den ‹Cerretani› eine höchst spannende mittelalterliche Sekte, einen ‹verkehrten Orden›.

Demnach stammt die Bruderschaft der Cerretaneer von einer alten Priesterkommune ab, die der römischen Göttin des Ackerbaus Ceres geweiht war. Die Priester lebten, eigenen Gesetzen folgend, völlig zurückgezogen im unzugänglichen Nera-Tal. Als die Sekte wuchs und für den engen Raum viel zu groß geworden war, teilte sie der höchste Priester in kleine Untersekten auf, die jeweils auf eine bestimmte Art des Betruges spezialisiert waren. Ihr Auftrag und ihre Berufung sollten fortan darin bestehen, die Welt mit ihren subversiven Künsten zu narren und irrezuführen. Teseo Pini schreibt, die Cerretani seien dann zum Christentum übergetreten, im Herzen aber finstere Heiden geblieben. Er berichtet dann etwas, was ihn außerordentlich beunruhigt.
Der Hohepriester der Cerretaneer habe seine Sekte genauso aufgebaut wie einen katholischen Mönchsorden. Nur verkehrt. Als Orden von Missetätern im Namen des Teufels.
Hier folgt der gebildete Vikar einer Predigt des heiligen Bernhard von Siena. Eines schönen Tages, predigte der heilige Bernhard, habe Luzifer seine Bösen um sich herum versammelt und ihnen befohlen, auf Erden eine Kirche zu gründen, die gegen Christus gerichtet ist. Dort sollten sie spiegelverkehrt das ewige Böse verehren.
Sankt Bernhards Predigt und Teseo Pinis Herleitung des Ordens der Cerretaneer partizipieren an dem Mittelalter geläufigen religiösen Parodien und Verkehrungen. Zwischen Klage, Kritik und Unterhaltung sind all die Kloster-Orgien, die Teufels-Gebete oder Travestien der heiligen Texte angesiedelt. Die ‚Verkehrte Welt', in der man den Teufel anbetet, war sogar in die Kirche selbst integriert.
Man feierte Eselsmessen in der Kathedrale, wählte Kinder oder junge Kleriker zum Bischof, drehte die Worte herum und verbrannte statt Weihrauch Schuhsohlen. Das alles, wie auch den Karneval mit seinen gefährlichen Ausschweifungen, duldete die Kirche, froh, es auf ein paar Tage im Jahr begrenzen zu können.
Im 16. Jahrhundert aber mochte man solcherlei Verkehrungen nicht mehr hinnehmen. Die Kirche wurde gereinigt. Teseo Pini kann die gotteslästerliche Sekte der Leutbetrüger nicht mehr mit seinem Verständnis der sozusagen auf vernünftige Weise heiligen Kirche vereinbaren. Für ihn ist die ‚Verkehrte Welt' der Vagabunden, Spieler, Salbenkrämer eine Ausgeburt der Hölle, für die kein Platz unter den Gläubigen sein darf.
Teseo Pini bleibt in seinem Speculum beim Bild des verkehrten Ordens. 39 ‚Zünfte' zählt er auf, 39 verschiedene Arten, das Almosen zu ergaunern. Er will seine ‚Cerretani' demaskieren, will erzählen, wie schamlos und raffiniert sie den Leuten das Geld aus der Tasche ziehen. Aber er will, der mittelalterlichen Erzähltradition

folgend, ‚exempla' liefern, anekdotisch ausgeschmückte Beispiele, die immer wieder über die bloße Beschreibung hinausgehen. So kann er nicht verhindern, daß er ‚schön' — und das heißt im Einzelfall auch witzig — über eine, nach seinem Verständnis, durch und durch häßliche Sache erzählt.
Die beschriebenen Szenen und Typen entsprechen in manchem dem Liber vagatorum. Die ‚Acatosi' des ‚Speculum' sind im Liber die ‚Lossner'; ‚Apezentes' werden dort die ‚Stabüler' genannt und wie die ‚Breger' sind die ‚Pauperes verecundi'.
Von den ‚Acatosi' heißt es, »sie behaupten, ihre Eltern seien Sklaven bei den Türken oder den Sarazenen oder sogar, sie befänden sich in den Händen von Piraten. Jetzt bräuchten sie Geld, um die Eltern freizukaufen. Manchmal tragen sie Ketten, um so zu tun, als seien sie selbst aus der Sklaverei befreit worden.« (Nach Camporesi, S. 30f.)
»Die ‚Apezentes' geben vor, nichts zu verlangen außer der allernötigsten Nahrung, den Wein zu verachten und ansonsten in äußerster Armut zu leben. Also bitten sie nur um Brot, sammeln dann Unmengen davon und verkaufen dann ganze Laiber. Für sich selbst heben sie dann das hart gewordene Brot auf.« (Camporesi, S. 40)
‚Pauperes verecundi', das sind ganz schüchterne Arme, die vorgeben, verarmte Adlige zu sein. Sie spekulieren darauf, ins Haus und zu Tisch gebeten zu werden.
Teseo Pini vereinigt in seinem Gaunerspiegel recht heterogene Elemente. Die von ihm angeführten Kurpfuscher, Salbenkrämer, Simulanten, unechten Pilger, falschen Heiligen, Reliquienhändler, Zitterer und notorischen Falschspieler gehören genau wie die entsprechenden Gauner des Liber einer ‚Internationale der Fahrenden' an.
Von den Cerretani, so meint Camporesi, stammen die ‚Ciarlatani' her, die ‚Scharlatane'; das wären dann christliche Heiden, die als Vaganten herumziehen, zu überlebensnotwendigen Scherzen aufgelegt, die aber in der frühen Neuzeit mehr und mehr verübelt werden.
In den ‚Carmina Burana' wird ein ‚Bundeslied der Vaganten' überliefert. Es ist dort kein bestimmter ‚Bund', kein existierender ‚Orden' gemeint und schon gar nicht die Cerretani, Scharlatane...
Die Parodie der Ordnung aber, die ja auch von den Elends-Simulanten unter den Vaganten praktiziert wird, kommt dort sehr treffend zum Ausdruck.

Das Bundeslied der Vaganten

»Gehet hin in alle Welt«, ist der Ruf erklungen
und der Priester macht sich auf, Mönch kommt rasch gesprungen
der Levit vom Lesepult ist bereits zur Stelle,
melden sich zur Jüngerschaft bei der Lebensquelle.

Hier in den Statuten heißts: »Alles wollt probieren!«
Unsre Lebensweise drum sollt ihr gut studieren,
sollt von schlechten Pfaffen euch stets mit Abscheu wenden,
die da nimmermehr gewillt, oft und viel zu spenden!

Märker, Bayern allzumal, Österreicher, Sachsen,
ihr Gefährten edler Art, jung und grad gewachsen,
haltet neuem Kirchenrecht eure Ohren offen:
fort mit Geiz und Knauserei, wo nichts zu erhoffen!

Wir sind an Barmherzigkeit echte Religiosen,
denn wir nehmen jeden auf, Kleine wie die Großen;
nehmen Reiche bei uns auf, aber auch die Armen,
deren sich die Klosterherrn selten nur erbarmen.

Nehmen auch wohl Mönche auf mit rasierten Haaren,
Pfarrer samt der Hauserin in gesetzten Jahren,
Lehrer mit der Schülerschar, Herrn, die nicht allein sind,
um so mehr Studenten, wenn ihre Kleider fein sind.

Unser Orden nimmt da auf Böse samt Gerechten,
und, von Alterslast gebeugt, Lahme samt Geschwächten (...)

Rüpel und Verträgliche, Friedliche und Falsche,
Böhmen oder Deutsche auch, Slawen oder Walsche,
ob von mittlerer Statur, Zwerge oder Riesen,
ob sie sich bescheidentlich oder dreist erwiesen.

Unser Orden untersagt, Aufwand zu betreiben;
wer da schon ein Kleid besitzt, der muß wamslos bleiben,
will er recht gekleidet sein. Decius zu Ehren
heißt das Spiel den Gürtel auch sich zum Teufel scheren.

Und was für das oben gilt, gilt auch für die Beine;
wer da ein Paar Stiefel hat, Schuhe braucht er keine,
wer da schon ein Hemde trägt, trage keine Hosen!
Wer die Vorschrift übertritt, der wird ausgestoßen.

Keiner stehle nüchtern sich fort von seinem Humpen,
wenn es ihm am Gelde fehlt, muß er eben pumpen!
Heckt ja doch ein Heller oft seinesgleichen viele,
setzt am gleichen Tisch das Glück sich mit uns zum Spiele.

(Carmina Burana, 219)

La Vie Généreuse erzählt von Erfahrungen unter ‚Mercelots, Gueuz et Boesmiens' — Händlern, Bettlern und Zigeunern. Pechon de Ruby verrät deren Lebensweise, Jargon und Schliche. (Der vollständige Titel lautete: La Vie Généreuse des Mercelots, Gueuz et Boesmiens, contenans leur façon de vivre, subtilitez et Gergon. Mis en lumiere par Monsieur Pechon de Ruby, Gentil'homme Breton, ayant esté avec eux en ses jeunes ans, où il a exercé ce beau Mestier. Plus a esté adjousté un Dictionnaire en langage Blesquien, avec l'explication en vulgaire. — A Lyon, par Jean Jullieron, 1596. Avec permission, petit in 4°. Wieder abgedruckt in: L. Saineán: Les Sources de L'Argot Ancien. Tome Premier, Paris 1912, S. 139 ff)
Mit neun Jahren lief der Autor von zu Hause fort, um im Milieu der Fahrenden unterzutauchen. Neun Monate lang, sagt er, lebte er unter Bettlern. Er berichtet von deren sagenhafter Organisation. An der Spitze steht der ‚grand coesre' (was wahrscheinlich vom Lateinischen ‚quaestor' kommt = Schatzmeister), der gelegentlich sogar mit der Polizei verhandelt. Nachdem Pechol dem obersten Bettler als Zeichen des Respekts die Schenkel geküßt und Gehorsam geschworen hat, wird er in die Föderation der Bettler aufgenommen. Dann lernt er rasch die sechs Grundarten des Bettelns:

1. ‚Bier sur le rufe', das heißt etwa ‚auf Feuer gehen' und bedeutet, ‚jemanden darstellen, der alles durch einen Brand verloren hat.'
2. ‚Bier sur l'anticle': so tun, als ob man bei der Errettung aus irgendeiner Not einem Heiligen eine Messe versprochen hat. Gebettelt wird, um diese, natürlich sehr teure, Messe ausrichten zu können.
3. ‚Bier sur la foigne': einen durch den Krieg ruinierten, ehemals reichen Kaufmann spielen.
4. ‚Bier sur le minsu': die allereinfachste Bettelmethode; ohne Tricks und Täuschung gehen.
5. ‚Bier sur le franc mitou': ‚franc mitou' heißt im ‚Blesche' genannten Bettler-Jargon ‚Gott', der Ausdruck bedeutet: ‚krank spielen'.
6. ‚Bier sur le toutime': alle Tricks beherrschen, je nach der Situation. Die Vertreter der sechsten Klasse, so heißt es im ‚Vie Généreuse', seien äußerst selten.

Im Anhang der für die Geschichte des organisierten Bettlerwesens in Frankreich äußerst aufschlußreichen Abhandlung findet sich ein Glossar mit den ‚mots de Blesche'. Die Wörter und Redensarten sind nicht alphabetisch, sondern nach Wichtigkeit geordnet.

Le franc mitou = Gott; *Les franches volantes* = Engel; *Franc razis* = Papst; *Franc ripault* = König; *Ripois* = Prinz. Bald darauf: *Gueliel* = der Teufel; dann die Körperteile, Lebensmittel, Berufe … viel Ungeordnetes, zum Schluß: *Daulvage* = Hochzeit; *Cosny* = Tod.

1566 oder 1567 veröffentlichte Thomas Harman aus Crayford in der Grafschaft Kent seinen ‚Caveat for common Cursetors.' Dort sagt er auch einiges über sich selbst. Daß er jahrelang krank zu Hause bleiben mußte, all die ‚merkwürdigen' Wanderer zu ihm kamen, und er immer bereit war, mit ihnen ein Schwätzchen zu halten, auch wenn ihn die Tricks und Täuschungen der wandernden Bettler stark irritierten. In dieser Lage machte er sein Haus zu einer Art Labor. Er überprüfte die Hausierer und führte gleichzeitig Buch. ‚He mad the deaf and dumb beggar speak', erfahren wir vom Herausgeber einer Ausgabe des Caveat von 1880. (The Rogues and Vagabonds of Shakespeares Youth, described by Jn. Awdeley in his Fraternitye of Vacabondes, 1561-73, Thos. Harman in his Caveat for Common Cursetors, 1567-73, and in The Groundworke of Conny-catching, 1592. Edited by Edward Viles and F. J. Furnivall, London 1880)

Harman, so scheint es, war ständig von Bettlern umringt. Hinter dem Haus haben sie ihm eine große Kupferkanne geklaut, er konnte kein Bettuch zum Trocknen aufhängen und seine Schweine nicht auf die Wiese lassen: immer waren gleich die Landfahrer da, um sich zu bereichern. Vielleicht ist Harmans Warnbuch seine Rache. Dabei interessierte ihn immer, ob ein streunender Armer durch seine eigene Schuld, durch den Suff oder durch Faulheit am Bettelstab ging, oder ob er als ‚ehrlicher Armer' Unterstützung verdiente: ein Held der Caritas-Kontrolle.

Nun hatten die englischen Könige äußerst scharfe Gesetze gegen die ‚idle vagabonds' erlassen, die ‚nutz- und arbeitslosen Herumzieher'. Marx schreibt im Kapitel über die ‚Sogenannte Ursprüngliche Akkumulation' (Im ‚Kapital' das berühmte 24. Kapitel), was mit vagabundierenden Bettlern geschah:

»Heinrich VIII., 1530: Alte und arbeitsunfähige Bettler erhalten eine Bettellizenz. Dagegen Auspeitschung und Einsperrung für handfeste Vagabunden. Sie sollen an einen Karren hinten angebunden und gegeißelt werden, bis das Blut von ihrem Körper strömt…

Edvard VI.: Findet sich, daß ein Herumstreicher drei Tage gelungert hat, so soll er nach seinem Geburtsort gebracht, mit rotglühendem Eisen auf die Brust mit dem Zeichen ‚V' gebrandmarkt, und dort in Ketten auf der Straße oder zu sonstigen Diensten verwandt werden.

Elisabeth I., 1572: Bettler ohne Lizenz sollen hart gepeitscht und am linken Ohrlappen gebrandmarkt werden, falls sie keiner für zwei Jahre in Dienst nehmen will; im Wiederholungsfall, wenn über 18 Jahre alt, sollen sie — hingerichtet werden...«
(Karl Marx: Das Kapital, Erster Band, S. 763f.).
Die Beschreibung eines Bettlers konnte also unmittelbar über Tod oder Leben entscheiden. Wer kein ‚ordentlicher Armer' war, der wurde gequält, gebrannt oder umgebracht. Hier war die Gauner-Beschreibung zugleich Steckbrief; wehe dem Vagabunden, der keine Lizenz hatte.
Harmans Caveat lehnt sich formal an die Tradition der europäischen Gaunerbücher an. Wie beim Liber vagatorum wird erst ein Typenregister geliefert. 23 verschiedene Gauner-Varianten zählt Harman auf. Die Beschreibungen sind sehr viel ausführlicher als im Liber, sie sind auch strenger, von unerbittlicher Verfolgungsenergie.
Der erste der 23 porträtierten Gauner ist der ‚Ruffler' (Rohling, Raufbold, Schurke), angeblich ist er auch der schlimmste. Es handelt sich um einen Räuber, der meist mit Hilfe seiner Frau Leute in ein Gespräch verwickelt, um sie dann auszunehmen. Auch Marktfrauen beklaut er regelmäßig.
Der ‚Abraham man' (9. Kapitel) ähnelt dem ‚Grantner' aus dem Liber vagatorum. Er ist auf die Darstellung von Krankheiten spezialisiert, vorzugsweise Schüttelkrämpfe. Gibt vor, lange im Siechenhaus gewesen zu sein und dort entsetzlich gelitten zu haben. Er nimmt Geld, aber auch Wolle, Schinken oder Käse. Harman kannte einen Abraham man, der ‚mit seiner Zunge besser umzugehen wußte als der weiseste Mann'. Auch konnte der so gut schütteln, mit Kopf und Händen zittern, daß niemand auf die Idee gekommen wäre, einen Simulanten vor sich zu haben. Außer Harman natürlich, der auch sonst von ihm Entlarvte namentlich aufführt. Im Anhang seines ‚Caveat' nennt er, schön alphabetisch geordnet, über 200 namentlich bekannte Gauner, Bettler und Simulanten. Ein regelrechtes Fahndungsbuch.
‚Upright men' tragen feine Kleider und führen eine Art Kommandostab mit sich herum. Sie behaupten, früher als Diener in vornehmen Häusern oder als hervorragende Handwerker gearbeitet zu haben. Sie halten sich unter den Vagabunden für etwas besseres und schaffen es auch, andere kleinere Gauner in ihren Dienst zu nehmen.
Die ‚Counterfet Crankes' sind ehemalige Huren und Verbrecher, die sich ganz und gar dem Simulieren der Fallsucht verschrieben haben. Sie laufen halb nackt herum und tragen nur die allererbärmlichsten Kleider. Schenkt man ihnen eine Hose oder

einen Rock, wird das gleich wieder verkauft, denn sie wissen, wie sehr der bloße Körper Mitleid erregt.

Das Bild zeigt Nicolas Blunt, ein ‚Upright Man' sowie Nicolas Genonges (?), ein ‚Counterfet Cranke', entnommen dem Caveat von Thomas Harman.
Was wäre ein Gaunerverzeichnis ohne ‚Vocabularius'? Harman bringt ein recht ausführliches Lexikon des ‚Peddelars Frenche', der Sprache der ‚bold, beastly, baw-

dy Beggers' ... dreist, tierisch, unflätig. So abscheulich ist dieses Freiwild der ursprünglichen Akkumulation, daß Harman ihren Schrecken in einer Alliteration abfedern muß.
Abschließend ein paar Brocken der englischen Bettlersprache, die auch ‚Canting' genannt wurde. To cante heißt im Peddelars Frenche ‚sprechen'. Spaßeshalber geben wir die ‚hoch-englischen' Übersetzungen des Vagabundenfressers Harman, sie klingen schöner als unser jetziges Deutsch.

To nygle = to have to do with a woman carnally; *the ruffian cly the* = the devil take thee; *Nab* = a had; *Rome bouse* = wyne; *autem* = a church; *to dup the gyger* = to open the door.

2.

Es gibt bislang keine kritische Ausgabe des Liber vagatorum, aber einige Vorarbeiten. Der Wiener Bibliothekar Josef Maria Wagner hätte diese Ausgabe gern besorgt, er soll darin sogar seine Lebensaufgabe gesehen haben. Der schon öfter zitierte Germanist und Sprachforscher Friedrich Kluge erhielt den Nachlaß des über dieser Aufgabe gestorbenen Bibliothekars und veröffentlichte in seinem Rotwelschen Quellenbuch die hochdeutsche Erstausgabe des Liber, die niederdeutsche Übersetzung von 1510 (etwa) und das Glossar einer niederrheinischen Ausgabe, die etwa zur gleichen Zeit erschien. Dazu einige Varianten der Lutherschen Ausgabe, über die noch zu sprechen sein wird. Kluges gegenüber der Erstausgabe nur in einigen orthographischen Details veränderte Druckfassung bleibt demnach vorläufig die maßgebliche Ausgabe, der auch unsere Übertragung folgt. Die niederrheinische Ausgabe übrigens führt zurück zu einem ebenfalls niederrheinischen Text, der nur fünf Jahre zuvor in äußerst witziger Weise einen ‚Bubenorden' schildert.
Der Abt heißt Sankt Magog von Geckshausen, die Ordensbrüder nennen sich zum Beispiel ‚Galgenklöppel', ‚Schlabbert, der Alte', ‚Krähenschenkel', ‚Setzwürfel' und ähnlich.
Der Autor des ‚Bubenorden' spielt noch mit der Verkehrung, lacht über den falschen Abt und freut sich der Zoten und Grobianismen. Vielleicht hat er auch den Liber übersetzt; das Lachen wird ihm dabei vergangen sein.
Daß der Liber ein ‚work in progress' war, das ständig nach Maßgabe der jeweiligen gaunerpolitischen Interessen verändert, erweitert oder verengt wurde, kann man

schon an der fast gleichzeitig mit der Erstausgabe erschienen niederdeutschen Fassung sehen. Der ungenannte Übersetzer schien ein starkes Interesse daran zu haben, die Vorlage an das von ihm überblickte Milieu im niederdeutschen Sprachraum anzupassen.

Er flicht zahlreiche, ihm zu Ohren gekommene neueste Vorkommnisse ein wie im 13. Kapitel (Über die Vopper und Vopperinnen): »Im Jahre 1510 sind im Land zu Klewe, in einer Stadt, die Santen heißt, in der Woche vor Jacobi, zwei Männer und zwei Frauen vor Gericht geführt worden, die in feste eiserne Ketten gebunden waren. Die hatten sie daselbst vor der Kirche niedergelegt und allem Volk, den Weltlichen und den Geistlichen zu verstehen gegeben, daß die eine Frau vom bösen Geist besessen sei. Sie hat auch ein entsetzliches Gesicht gemacht und eine entsprechende Stimme gehabt. Alle, die diese Frau sahen, glaubten unbedingt, daß es wirklich so wäre. Sie erlaubten ihr, bis auf Sankt Anna im Ort zu bleiben.« (Kluge, Rotwelsch, S. 68)

Dieser niederdeutsche Bearbeiter scheint über gute Kontakte zur Rotwelsch sprechenden Szene verfügt zu haben. Das Glossar erweiterte er um etliche Begriffe, zum Beispiel:

bolt = ein dreck; *bedie den bucht* = nemet id gelt; *bolten* = schiten; *rottun* = bedeler; *fleb* = ein karten.

Das Liber-Büchlein muß sehr schnell sehr beliebt oder nützlich gewesen sein. Josef Maria Wagner, der in philologischer Detektivarbeit überall nach Ausgaben des Liber suchte, fand für das 16. Jahrhundert an die dreißig verschiedene Drucke. Bestimmt beschränkte sich der Leserkreis nicht auf die Spezialisten der Bettler-Abwehr; das Büchlein war eben nicht nur ein Warn-Brevier, eine Ent-Täuschungsanleitung. So sehr geklagt wurde über die Zudringlichkeit der Fahrenden, so sehr ihre Verderbtheit gegeißelt und ihre Anzahl übertrieben wurde, so war man doch fasziniert von der eigenartigen Fremdheit ihrer Kultur.

Die Rezeption des Liber teilte sich in zwei Linien. Den Bekämpfern des Bettler-Wesens diente er weiter als Grundlagenforschung, einer anderen Linie wurde er zum Reservoir von Versatzstücken des Rotwelschen, die sich immer dann einbauen ließen, wenn in der Literatur eine Gauner-Kulisse gebraucht wurde.

Ein paar dieser literarischen Rotwelsch-Zitate seien genannt. Der Gargantua-Übersetzer (,Geschichtsklitterung', 1590) Johann Fischart, stets an Spezialsprachen und wuchernden Wortspielen interessiert, verwendet in der erweiterten Bearbeitung von ,Aller Praktik Großmutter' den Liber, um seiner Trauer Ausdruck zu ge-

ben, daß die rotwelschen Namen nicht mehr so recht geläufig wären. »Adde die Zunft des Rabenfuters librum vagatorum, Waghalß, diktiert von einem hochwürdigen Meister mit Namen Expertus in trufis, sibi in refrigerium Kalbslung ... Grantner, Dützer, Schlepper, Seffer, Schweiger, Pfluger ... Ei, wie schöne Namen, schade, daß ein Teil dieser Namen in Deutschland abhanden gekommen ist, obwohl es sie noch gibt.« (Zitiert nach Kluge: Rotwelsch, S. 112f.)
Eine außergewöhnliche Sprachmischung bietet der schwäbische Humanist Johann Valentin Andreae in einer lateinischen Komödie von 1616. In einem Zwischenspiel beginnt eine Figur plötzlich Griechisch zu reden, worauf der erstaunte Gegenspieler in Rotwelsch antwortet:
Serra: peineseis mala makron es aurion esthie nefe.
Hilarius: Boß dich mit deinem Besefeln, daß dich der Dallinger gebick und an den Dollman schnier oder barle das ichs verlunsche!
...
schließlich fragt Hilarius: »Verstehst du Trottel kein Griechisch?«, worauf Serra antwortet: »Du Voppart, ich will dich bald auf den kabas goffen, alch dich uber den Braithart.« (Kluge, Rotwelsch, S. 130)
Vollends phantastisch wird der Umgang mit dem Rotwelschen bei Hans Michael Moscherosch. In seine ‚Gesichte Philanders von Sittewald' (1650), die vom Chaos des Dreißigjährigen Krieges erzählen, übernimmt er den Rotwelsch-Wortschatz des Liber. Er gibt das als die neue ‚Feldsprache' aus und druckt einen Doppelglossar ab. Bis auf wenige Ausnahmen entspricht dieser Glossar dem ‚vocabularius' des Liber vagatorum. ‚Realistische' Nähe zum wilden Kriegsgeschehen wird durch das *literarische* Zitieren der Gaunersprache suggeriert. Daß es eine ‚Feldsprache' gab, daß sie durchsetzt war mit rotwelschen Ausdrücken, die sich mit antisemitischer Tendenz bis ins 20. Jahrhundert gehalten hat, ist freilich wahr. Nur ähnelt die literarische Beschlagnahme der gaunerischen Subkultur in einem ihrer Bekämpfung: sie fußt im wesentlichen auf dem Zerrbild, das andere sich von ihr machen.
Damit gelangen wir zur anderen Rezeptionslinie des Liber. Sie wird von Martin Luther angeführt.
Luther, den Dario Fo einmal einen ‚gewaltigen Verächter der Volkskultur' nannte, hat sich im Jahre 1528 des Liber vagatorum angenommen. Er gab eine eigene Ausgabe heraus, vermehrt um eine Vorbemerkung, die den rechten Nutzen des Gaunerbüchleins hatte befördern sollen. Erweitert auch um einige ‚Korrekturen' im Text, kleine strategische Eingriffe, die allerdings große Wirkungen zeitigten. Luther klärt in der Vorbemerkung über die Herkunft des Rotwelschen auf:

»Es ist freilich solch rottwelsche sprache von den Juden komen, denn viel ebreischer Wort drinnen sind, wie denn wol merken werden, die sich auf Ebreisch verstehen.« (Luthers Werke, Kritische Gesamtausgabe, 26. Band, Weimar 1909, S. 638) Richtig ist daran, daß das an der Bildung des Rotwelschen beteiligte Jiddisch (das Luther gar nicht kannte) vorwiegend auf das Hebräische zurückgeht. Luther legt aber nahe, das Rotwelsch sei ‚von den Juden gekommen', die Sprache der ‚Bettler, Landstreicher und Zungendrescher' (Luther, S. 639) eine Art Hebräisch, also dürfte es sich bei ihnen selbst wohl auch um Juden handeln. Auf jeden Fall aber sind die ‚Hebräisch' sprechenden Gauner aus dem Reich des Bösen. Der Liber soll überall verbreitet werden, »damit man sieht und begreift, wie der Teufel doch gewaltig in der Welt regiert und man klug daraus wird und sich vor ihm endlich einmal in acht nimmt.« (Nach Luther, S. 638)
Bettler, Juden, Teufel: ein hochgefährliches Gemisch!
Der Kampf gegen diese finstern Mächte blieb keineswegs auf dem Niveau der bösen Absicht. Luthers Textkorrekturen sind ‚operative' Schläge gegen das Heer der Feinde des Glaubens und bezeugen seine Obsession vom Bösen, das ständig auf das nahe Ende der Welt hinzudeuten schien. Furios fährt er dazwischen, wo im ‚ander teil' des Liber der Autor kundtut, er gebe keinem Questionirer als einzig »den vier botschafften das sind die hernach stehen geschrieben. Sanct Anthonius, Sanct Valentin, Sanct Bernhart und der Heilig geist, die selbigen sind bestetigt von dem stuel zu Rom.« — »Aber itzt ists auch aus mit yhn«, fügt Luther ein, es nützt nun gar nichts mehr, eine Lizenz des Heiligen Stuhls zu besitzen.
Vom Rotwelschen verstand Luther wie gesagt nicht viel. Also fuhr er auch hier dazwischen. ‚Boß', so belehrt uns der Vocabularius des Liber, heißt Haus, es begegnet hier vor allem in der schlimmen Form des ‚Sonnenboß', was ‚Freudenhaus' bedeutet, wie sich schnell kombinieren läßt. Luther kann nun mit diesem ‚Boß' nichts anfangen. Für ihn ist ein Haus ein ‚Beth' wie in ‚Bethlehem'. Also ersetzt er stets ‚Boß' durch ‚Beth'. Einmal vertut er sich dabei, dort nämlich, wo die protestantische Angst vor der Hure Babylon mit ihm durchgeht, beim ‚Freudenhaus'. Zwischen ‚Sonnen'/‚Freuden' und ‚Boß'/‚Haus' treibt er als korrektiven Keil sein ‚Beth' und schreibt ‚Sonnenbethboß', ‚Freudenhaushaus', ein ‚Lutherscher Verschreiber', eine Art theologisches Stottern. Luther tilgte auch die Zweideutigkeiten (wenn sie denn existierten) im Titel. ‚Der Bettler Orden' wird ersetzt durch eine kurze Inhaltsangabe des Buches; ‚Von der falschen Betler buberey'.
Zur Unterhaltung soll ab jetzt der Liber weißgott nicht mehr taugen. Im Feldzug gegen die Bettler, erst recht gegen die falschen, sollte nach Luthers Intentionen das

Warn-Büchlein seinen Dienst tun. Er selbst, so bekennt er, wurde oft genug ‚beschissen und versucht von solchen Landstreichern und Zungendreschern'. (Luther, S. 639). Er möchte jeglichen Bettel verbieten.
»Die faulfressenden, muthwilligen Bettler, die nicht arbeiten und doch immer fressen wollen, sollen ernstlich bestraft werden; denn dieselben nehmen mit Lug und Trug den anderen rechten Armen, die bei uns wohnen, das Brot, so ihnen gottselige Leute geben würden, vor dem Maule hinweg.« (Zitiert nach Bernhard Riggenbach: Das Armenwesen der Reformation, Basel 1883, S. 14 = Luthers Werke, II, S. 2354)
Die Arbeit wird zum Scheidemittel, das die guten von den bösen Armen trennt. Luther begründet eine protestantische Armenfürsorge, die sich bis in caritative Verhör-Praxis eines Johann Hinrich Wichern oder Friedrich von Bodelschwingh d. Ä. fortsetzt. Wer bettelt, vagabundiert, herumzieht oder gar Gaunereien betreibt und sittlich verkommt, der ist faul und arbeitsscheu. Die guten Armen kann man zur Arbeit zwingen. In Arbeitshäusern oder evangelischen Anstalten lassen sie sich ihre Vagabundenhaut abziehen. Die schlechten sollen verschwinden. Auf den Galeeren, in Gefängnissen oder, wenn gar nichts hilft, auch am Galgen.
Die guten Armen kann man im Auge behalten, sie lassen sich als caritatives Eigentum domestizieren. Im Vorwort zur ‚falschen Bettler buberey' liest sich das wie eine glänzende Bestätigung der Thesen von Foucault:
»Und wo ein igliche stad yhrer armen also wahrnehme, were solcher buberey balde *gesteuret* und *gewehret*.« (Luther, S. 639)
Zur Genese des protestantischen Blicks auf Armut, Bettelei und zwielichtiges Volk schreibt der Theologe Bernhard Giggenbach:
»Was man unter dem Wort ‚Armenwesen' versteht, das heißt *geordnete* Veranstaltungen, die Armuth zu verhindern, zu beseitigen, einzuschränken, kennt das Mittelalter gar nicht.« (Riggenbach, S. 4) Da wirkten dann im Geiste Luthers solch gute Reformatoren wie Eberlin von Günzburg, der — ein wenig übertreibend — kundtut: »Von 15 Menschen im deutschen Land arbeitet nur einer, 14 dagegen gehen müßig und betteln.« (Riggenbach, S. 3)
Günzburg wußte auch gleich ein Remedium:
»Von den Landstreifern und Straßenbettlern, Hochbuhlern, will ich sagen Hochschülern und anderen Schützen und Bacchanten, sie wären besser in einem Sack als in einem Land.« (Nach Riggenbach, S. 43) Wenn man für ‚Sack' die Galeere einsetzt, die grausame Realisierung von Sebastian Brants Narrenschiff, kann man sagen, daß Günzburgs Vorschlag, den viele Reformatoren, Humanisten und Volkserzieher unterstützten, durchaus befolgt wurde.

Martin Luther scheint von zwei Hauptteufeln besessen gewesen zu sein. Der eine verwies mit Standort Rom auf den nahen Weltuntergang mit anschließendem Jüngstem Gericht. Sein Name war Papst; in ihn war der Antichrist der Apokalypse gefahren.
Der andere Teufel überlebte die Apokalypse und sollte sich als Teufel der Ursprünglichen Akkumulation erweisen. Der brannte den Bettlern, Vaganten und Arbeitsscheuen die Merkzeichen der Neuzeit auf die Haut. Das tat er wirklich, das Brandmarken der rückfälligen Bettler war gang und gäbe.
Luther hatte stets für zwei Zeiten geschrieben, gepredigt und gewettert. Für die Endzeit und die Neuzeit. Die Endzeit erledigte sich mit dem Ausbleiben der von Luther immer erwarteten Apokalypse. Der apokalyptischen Angst schließlich wich die Verheißung der Arbeit.
Ein kleinerer Austreiber der spätmittelalterlichen Volkskultur war der Basler Reformator Pamphilus Gengenbach. Er war Drucker und Schriftsteller, der vor allem Sebastian Brant und Thomas Murner nacheiferte.
»Seine genaue Kenntnis des Volkslebens in den niedrigsten Schichten legte er in dem Liber vagatorum dar, der die Bettler und Landstreicher, deren schon Brant im Narrenschiff gedacht hatte, nach ihren verschiedenen Classen schildert und in ihrem trügerischen Treiben belauscht.« (Karl Goedeke: Pamphilus Gengenbach, Reprint Amsterdam 1966, S. 17)
So schrieb der Germanist Karl Goedeke im Jahre 1855. Leider irrte er da gründlich, und seine — völlig unhaltbare — These, Gengenbachs Liber vagatorum, den er um 1515 in schlichten Knittelversen verfaßte, sei der Liber-Urtext, den ein anderer lediglich in Prosa transponiert hätte, hat ihm das vereinte Kopfschütteln sämtlicher Zunftkollegen eingebracht.
Gengenbach war 1521 zum Protestantismus konvertiert und begann dann, seine frühere Religion als finsteren Aberglauben aus sich selbst auszutreiben. Juden, aufrührerische Bauern und das ganze vagierende Volk wünschte er zum Teufel. Zunächst die recht ungelenke ‚vorred' zu seinem Liber vagatorum:

Den Bettler orden man mich nendt
Durch mich ein jeder lert, merckt, und erkent
was grossen btrugs ist uff erstanden
Von mancherley bettler, in dutschen lande.
Durch ire sprach die man nempt Rot
Btriegens die menschen fru und spot.

Dann der Versuch, den Anfang zu übertragen:

Ein jeder Stand in dieser Welt,
das hat der Doktor Brant erzählt,
vom untersten bis oben hin
ist morsch und krank in seinem Sinn.
Er hat sie dann mit klugem Griff
befördert auf das Narrenschiff.

Da findet man bis heute sie,
geändert haben sie sich nie.
Die Bettler sind auf jeden Fall
allüberall und ohne Zahl.
Von ihnen ich jetzt reden mag,
wie ihr Betrug kam an den Tag.

Nicht hier allein im deutschen Land,
der ganzen Welt sind sie bekannt,
mit ihrem Rotwelsch früh und spät,
verspotten sie die Leut, wo's geht...

Gengenbachs endlos langes Gedicht vom Bettlerorden gefiel nicht. Es half ihm nichts, den berühmten Sebastian Brant mit dem beliebten Liber zu verkuppeln.
Andere Ausgaben und Bearbeitungen aber wurden offenbar immer wieder gelesen. Bis zum Jahre 1668 sind — einschließlich der mehrfach aufgelegten Luther-Bearbeitung — an die 30 Ausgaben des Liber vagatorum bezeugt. Hinzu kommt eine beträchtliche Menge an Plagiaten, die unter dem Titel ‚Rotwelsche Grammatik' firmierten.
Dort wird der Vocabularius — erheblich ‚erweitert' und verfälscht — vorangestellt, sodaß der Eindruck entsteht, man habe es mit einem Kompendium des Rotwelschen zu tun.
In der letzten bekannten Ausgabe dieser ‚Rotwelschen Grammatik', die 1755 in Frankfurt am Main erschien, heißt es:
»Rotwellsche Grammatik / oder / Sprachkunst, / Das ist: / Anweisung / wie man diese Sprache in wenig Stunden / erlernen, reden, und verstehen möge; / Absonderlich denenjenigen zum Nutzen und / Vortheil, die sich auf Reisen, in Wirthshäu/sern und andern Gesellschaften befinden,/ das daselbst einschleichende Spitzbuben-Gesindel,/ die sich dieser Sprache befleißigen, zu erkennen, um / ihren

diebischen Anschlägen dadurch zu / entgehen; / Nebst einigen / historischen Nachahmungen,/ durch welche ein Anfänger desto eher zur Vollkommenheit gelangen kan.«
Der Liber vagatorum, ein Schnellkurs in Gaunersprache, ein handliches Brevier für den Reisenden, der die Sprache derjenigen lernen möchte, die ihn unterwegs überfallen werden.
Vielleicht so:
»Meß her, den Wintfang ausgezogen, den feinen Wetterhan runter, schöne Klebiße habt ihr, Giel zu und hol dich der Ganhart, wenn Du nicht tausend Hellerrichtiger bei dir hast...«

Längere Zeit blieb der Liber vagatorum dann vergessen, er wurde auch nicht mehr gebraucht. Die ‚Grammatik der Gaunerei' hatte sich gründlich verändert. Die vagierenden Ströme der Bettler, Gaukler und Scholaren waren durch Korrektur und Kontrolle der neuzeitlichen Staaten in Arbeitshäusern, auf den Galeeren oder in anderen Einrichtungen des fürsorglichen Verschließens versickert, wo sie nicht am Galgen endeten.
Gewiß gab es weiter wandernde Subkulturen, gab es Bettler und Hausierer, Kolporteure, Vagabunden, reisende Handwerksburschen und äußerst bewegliche Räuberbanden. Auch besaßen sie Tricks und subversive Verständigungsmittel. Das Rotwelsch schließlich blieb die Geheimsprache der Vagabunden.
Aber die im Liber aufgeführten Täusch-Gauner der frühen Neuzeit, die ja zum größten Teil mittelalterliche Typen des Elends und der Vagantenkultur simulierten, die verschwanden zusammen mit der überkommenen Volkskultur.
Die erwähnten beiden Rezeptionslinien des Liber bestimmten auch seine Wiederentdeckung im 19. Jahrhundert. Eine kriminalwissenschaftliche Liber-Archäologie läßt sich von einer kulturhistorisch-philologischen Lesart unterscheiden.
Gänzlich kommentarlos findet sich der Liber vagatorum dann 1847 in einer von Joseph Scheible herausgegebenen, eigentümlichen Zeitschrift, dem ‚Schaltjahr'. Dort hat der Herausgeber in einer Art literarischem Kalender unter jedem Tag mehrere, unverbunden aneinandergerückte Texte versammelt. Mit Vorliebe wählt Scheible deutsch-derbe und komische Beispiele aus dem Spätmittelalter, Schwänke der Reformationszeit sowie Sprüche und Rätsel aus.
Der Liber wurde im ‚Schaltjahr' in Stil und Schreibweise etwas modernisiert, das 19. Kapitel — ‚von den Jungfrawen' — (warum?) fortgelassen und um ein paar Druck- und Lesefehler vermehrt. Nach hundert Jahren war dies der Beginn der Re-

naissance des Liber vagatorum. Wenig später veröffentlichte Hoffmann von Fallersleben in dem von ihm herausgegebenen Weimarischen Jahrbuch (4. Band 1856) eine aus zwei der frühesten Ausgaben kompilierte Version des Liber vagatorum. Dazu gab er die Varianten der von Luther redigierten Fassung an. (Immer wieder liest man dann ‚kein Geringerer als der große Luther nahm sich des kleinen Gaunerbüchleins an.' Daß er es mit spitzen Fingern tat, mit protestantischem Vagantenekel, darüber liest man nichts.)
Daß Hoffmann, der zu den Begründern der Germanistik zählte, hier so etwas wie eine ‚kritische Ausgabe' (mißlungen) versuchte, ist weniger interessant als der volkspoetische Horizont, vor den er das Gaunerbüchlein rückte.
Im ersten Weimarischen Jahrbuch (1854) hatte er sich ausführlich mit den überlieferten Quellen des Rotwelschen befaßt:
»Dieses Rotwelsch ist ein Mischmasch, ein echtes Kauderwelsch, eine wahre Spitzbubensprache, das kann niemand leugnen, aber es verdient dennoch alle Beachtung von Jedem, der sich für Sprachforschung und Sittengeschichte interessiert. Jedes Leben im Freien, fern von dem Alltagsleben der übrigen Menschen, von ihren gewöhnlichen Hantierungen, ihren häuslichen Sorgen und Kümmernissen, hat etwas Poetisches, es erzeugt eine Anschauung der Welt und der menschlichen Verhältnisse, wie sie sich im herkömmlichen Zustande der Gesellschaft selten findet, und gewährt uns in jeder Darstellung seines Ichs eine eigenthümliche, bedeutungsvolle Erscheinung. Nun aber erst vollends das Räuberleben! Diese freiwillige Abgeschiedenheit von der Welt, die mit allen üblichen Formen, Sitten und Gebräuchen im Widerspruch steht, kein Vaterland, keine Heimath, kein geselliges Band mehr kennt, sondern nur den leidenschaftlichsten Egoismus als einzigen und letzten Zweck alles Daseins geltend macht und mit Hartnäckigkeit und Verstocktheit verfolgt, jedes Mittel, was der Augenblick an die Hand gibt, nur zur Erreichung dieses Zweckes benutzt, mit einer heldenartigen Verzichtung allen Gefahren sich bloßstellt, und mit dem Tode auf du und du verkehrt — ein solches Leben, so verwildert und ruchlos es auch ist, hat doch seine poetischen Sonnenblicke und eine gewisse Selbstgenügsamkeit, die zum Nachdenken stimmt.«
Hier klingen mehrere vertraute romantische Motive an.
Der Philologe fungiert als Archivar des poetischen Volksvermögens, als Rekonstrukteur einer luftig-unbürgerlichen Lebensweise, wie sie in Eichendorffs Wanderpoesie aufscheint. Die falschen Bettler und Leutbetrüger werden — wenn auch moralisch nicht unbedenklich (»...so verwildert und ruchlos das Leben auch ist...«) — zu Souveränen einer romantischen Existenz.

Hoffmann veranstaltet ein poetisches Museum der Subkultur. Trotz aller romantischen Blaufärberei sind in diesem Museum die Vopper, Schlepper oder Kammesierer besser aufgehoben als in den Asservatenkellern der Kriminalistik.
Der unbestrittene Protagonist einer kriminalistisch interessierten Philologie war der Lübecker Obergerichtsprokurator und Doktor beider Rechte Friedrich Christian Benedict Avé-Lallemant. Er war übrigens unter den besessenen Ausleuchtern der ‚gefährlichen Classen' vergleichsweise ein Liberaler. 1858 erschien sein vierbändiges Monumentalwerk ‚Das deutsche Gaunertum in seiner sozialpolitischen, literarischen und linguistischen Ausbildung zu seinem heutigen Bestande.' (Zwei Teile gibt es als Reprint in einer von Max Bauer revidierten Fassung; erschienen im Verlag Ralph Suchier, Wiesbaden o. J.)
Avé-Lallemant war von einer fixen Idee getrieben: der Rettung der christlich-deutschen Familie als Kernzelle eines gesunden Volkskörpers. Eine solche Familie braucht vor allem eines, ein sicheres Haus, das nicht dauernd umstrichen wird von den dunklen Mächten des Gaunertums, der »bunten, beweglichen, schlüpfrigen Masse« (Avé-Lallemant, Teil II, S. 14)
Aber die Masse ist gut organisiert. Sie verfügt über ein »wunderbares Getriebe«, »eine charakteristische Sprache und Verständigungsweise«, in die es »einzudringen« gilt. Die Polizei war immer zum Eindringen zu dumm. Antisemitische Vorurteile, zum Beispiel über das Rotwelsch und die Zusammensetzung des Gaunertums, und mangelndes Wissen über den Zusammenhang von Volkskörper und Verbrechen haben den »prüfenden Scharfblick der Polizei« notorisch getrübt.
Das Projekt des Lübecker Kriminalisten ist eine Fortschreibung des Liber vagatorum mit einem erheblich verfeinerten Instrumentarium.
»Seine (des Gauners) Erscheinung geht nicht über den gewöhnlichen Alltagsmenschen hinaus, wie ihn die Natur geschaffen hat, mag auch vielleicht Krankheit, Leidenschaft und Sünde seine Erscheinung mißgestaltet haben. Daraus entsteht die Verwegenheit, mit der das Gaunertum sich alle Formen des sozialpolitischen Lebens anzueignen und in ihnen sich zu bewegen versucht, und die Schwierigkeit, den Gauner unter diesen Formen zu entdecken. Nur eine ganz genaue Kenntnis der vielfachen und verschiedenen Formen und feinen Schattierungen jenes Lebens kann daher allein den Polizeimann instand setzen, den Gauner in den verschiedensten Erscheinungen zu erkennen und zu entlarven.« (Avé-Lallemant, II.Teil, S. 5)
Der Obergerichtsprokurator ist aber auch Philologe und Linguist. So sucht er in aller Welt nach ‚gaunerlinguistischen Quellen', durchforstet als Autodidakt das einschlägige Schrifttum der Fachleute und beteiligt sich am philologischen Palaver des 19. Jahrhunderts.

Einem solchen philologischen Detektiv kommt gewiß der Liber vagatorum gerade recht. Das Buch habe »geradezu den Weg zu einer gesunden deutsch-eigentümlichen Polizei gezeigt« (Avé-Lallemant, Teil I, S. 135). Der Weg ist aber leider nicht beschritten worden; und wenn es schon nicht gelang, in die gut organisierte Gaunermasse einzudringen, so soll doch wenigstens auf korrekte Weise in die Textmasse des Liber eingedrungen werden. Aber nicht einmal das gelang. Zwar gibt Avé-Lallemant den Text zweier Liber-Ausgaben des 16. Jahrhunderts wieder und zählt schon vor dem Wiener Liber-Philologen Josef Maria Wagner vierzehn Drucke zusammen. Auch weiß er einiges über das Rotwelsch und weist die Luthersche Parallele ‚Rotwelsch = Hebräisch = Sprache des Gaunertums mit jüdischer Dominanz' zurück. Aber der ‚Täter', der Autor des Liber, wird falsch ermittelt. Sebastian Brant hätte es gewesen sein sollen, wenn es nach Avé-Lallemant gegangen wäre.

Bei Friedrich Kluge und seinem ‚Rotwelschen Quellenbuch' enden die ‚Geschichten eines Gaunerbuches', dessen Autor sich ‚Betrugsexperte' nennt — ‚expertus in trufis'. Es scheint, daß die ‚bunte, bewegliche, schlüpfrige Masse' der im Liber vagatorum beschriebenen Vaganten sich bis heute gegen eine kritische Text-Ausgabe ihrer Täusch-Künste sperrt. Auch Friedrich Kluge ist daran gescheitert. Die von ihm 1901 angekündigte Edition des Liber vagatorum ist nie erschienen.

Dann alchen wir uns über den Breithart und bedanken uns beim Expertus, daß er ein Kompendium der Täuschkultur am Ende des Mittelalters zusammengestellt hat, das wir nach mehr als 450 Jahren gegen den Strich lesen können. Denn im Liber vagatorum wird der Leser als Opfer der falschen Fahrenden angesprochen. Wir wissen aber, daß ein paar Jahrzehnte später die Vaganten selber zu Opfern wurden und all die bösen Wünsche, die man den Narren, Bettlern, Leutbetrügern hatte angedeihen lassen, an ihnen vollstreckt wurden.

Bettlerfamilie.
Aus: Sebastian Brant, Das Narrenschiff.

Cristoforo Bertelli, Die unglaublichsten Betrügnisse der Welt, Mitte des 16. Jahrhunderts.

...RIE DEL MONDO

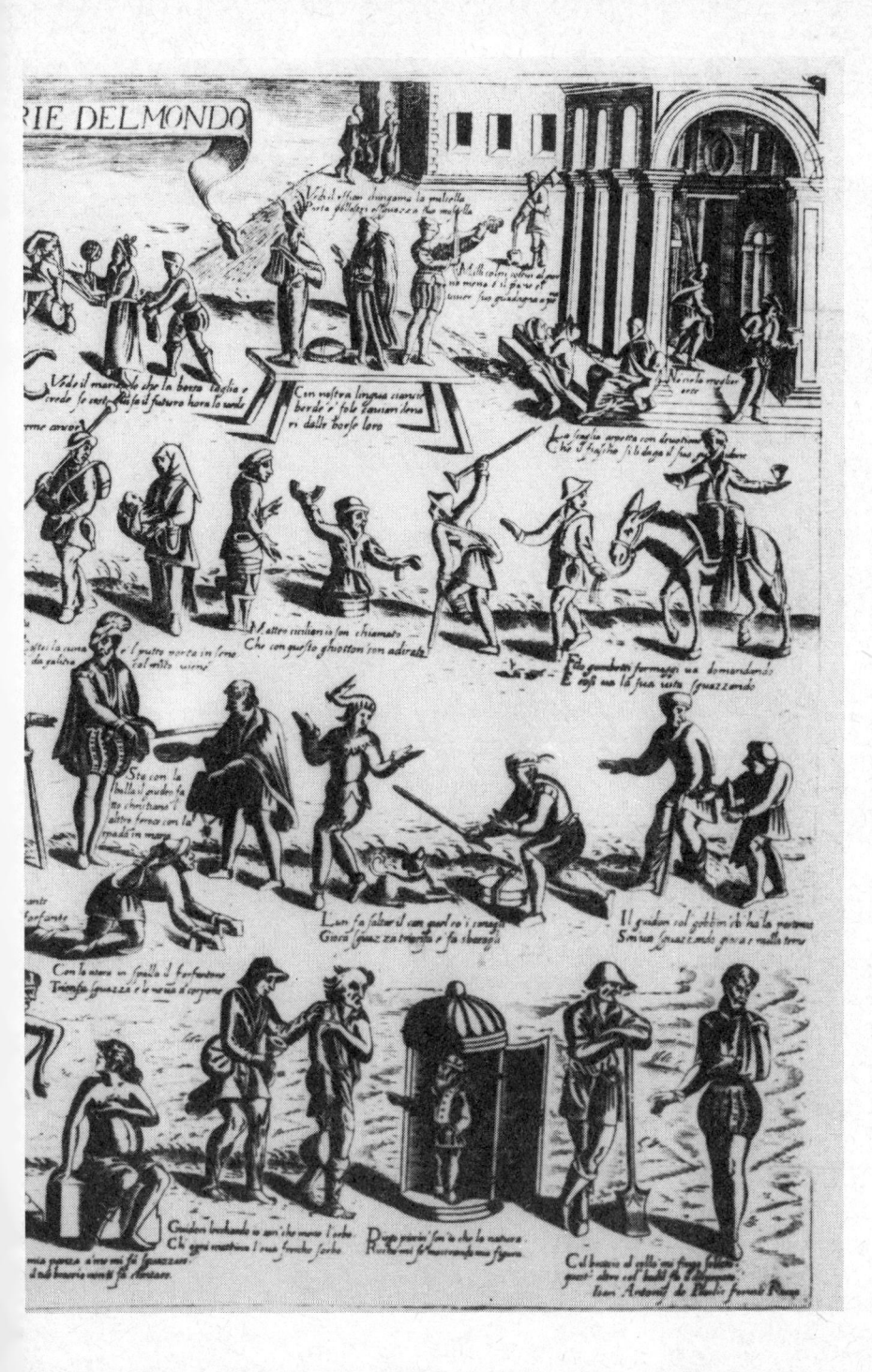

Wandernde Bettler.
Titelblatt der ersten Ausgabe des *Liber vagatorum* (1510)

Liber vagatorum
Der Bettler Orden

★

Es folgt nun ein hübsches Büchlein, genannt »Liber vagatorum«, diktiert von einem hochwürdigen Meister *nomine expertus in trufis*, namentlich ein Experte in Sachen Betrug, dem *Adone*, Gott, zu Lob und Ehre, *sibi in refrigerium et solacium*, sich selbst als Labsal und Trost, allen Menschen zur Unterweisung und Lehre, und denen, die dieses Stück brauchen, zur Besserung und Bekehrung: Und das Buch wird in drei Teile geteilt.
Der erste Teil erzählt von allen *Nahrungen*, Arten des Broterwerbs, die die Bettler oder Landfahrer in Gebrauch haben, und er wird unterteilt in zwanzig Kapitel *et paulo plus*, und einige mehr, denn es sind zwanzig Arten *et ultra*, auf die der Mensch betrogen und hereingelegt wird.
Der zweite Teil bringt etliche *notabilia*, Anmerkungen, die zu den vorgenannten Nahrungen gehören.
Der dritte Teil teilt einen Vokabularius, zu deutsch Rotwelsch genannt, mit.

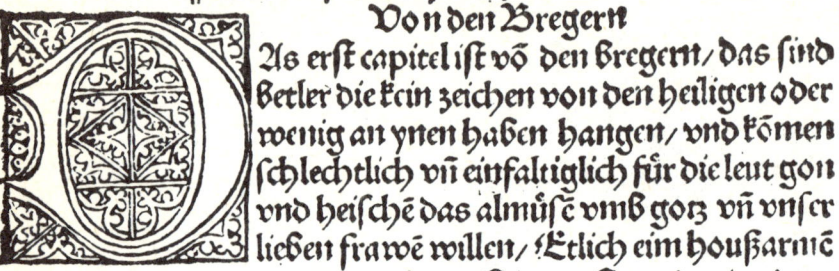

¶ Das Erst deil diß buchlins
Von den Bregern

Das erst capitel ist vō den bregern/ das sind betler die kein zeichen von den heiligen oder wenig an ynen haben hangen/ vnd kōmen schlechtlich vñ einfaltiglich für die leut gon vnd heischē das almůse vmb gotz vñ vnser lieben frawē willen/ Etlich eim houßarmē man mit kleinen kinden/ der erkant ist in der stat oder inn dem dorff da er heischt/ vnd wan sie möchten weiter komen mit yrer arbeit oder mit andern erlichen dinge̅ so liessen sie on zwyfel vō dem betlen/ Dañ es ist menger frōmer man der da betlet mit vnwillen/ vnd sich schemt vor denen die yn kennen/ das er vor zeiten gnůg hat gehabt vnd ietzund betlen můß/ möcht er fürbas kōmen er ließ das betlē vnderwegen/ Conclusio/ denen betlern ist wol zu geben wan es ist wol angeleit:

Von Stabülern

¶ Das ander capitel ist vonn stabülern/ das sind betler die alle land vß strychen von eim heiligen zu dem andern/ vnnd ir krenerin vnd gatzañ in alchm̄/ vnd hond den wetterhan vnd den wintfang vol zeichen hangen von allen heiligen/ vnd ist der wintfang gevetzt von allen stucken/ vnd hant dann die hutzen die yn den lehem dippen/ vnd hat ir einer sechs oder siben seck der ist keiner ler/ sein schüssel sein teller sein löffel flesch vñ aller houßrat der zu der wanderschafft hōrt dreit er mit im/ Die selben stabüler lond nümmer mer von dem betlen/ vnd ire kinder von iugent vff biß in das alter/ dann der bettelstab ist inen erwarmt in den grifflingē/ mögē vñ kundē nit arbeitē/ vñ werdē glydēn vnnd glydes vertzr vß iren gatzañ vnd zwickman vnd kaueller/ Auch wo disse stabüler hin kōmen in stet oder dörffer so heischen sie vor eim houß vmb gotz willen/ vor dem andern granten sie vm̄ sant Veltins willen/ vor dem dritten vmb sant

a ij

Erste Seite des *Liber vagatorum* nach einem Exemplar in der Berliner Königlichen Bibliothek.

Der erste Teil des Büchleins

Von den Bregern

Das erste Kapitel ist von den *Bregern*. Das sind Bettler, die keine Zeichen von den Heiligen oder nur wenige an sich hängen haben, und sie treten schlicht und einfältig vor die Leute und heischen Almosen allein um Gottes und Unserer Lieben Frau willen.
Etliche einem hausarmen, obdachlosen Mann mit kleinen Kindern, der in der Stadt oder dem Dorf, wo er heischt, bekannt ist, und wenn sie mit ihrer Arbeit oder andern ehrlichen Dingen so weiterkämen, ließen sie ohne Zweifel von dem Betteln ab.
Denn es gibt eine Menge frommer Männer, die betteln nur widerwillig und schämen sich vor denen, die sie kennen: daß sie früher ausreichend hatten und jetzt betteln müssen, wenn er weiterkäme, ließe er das Betteln unterwegs. Conclusio: Diesen Bettlern ist wohl zu geben, denn es ist gut angelegt.

Von Stabülern

Das zweite Kapitel ist von *Stabülern*. Das sind Bettler, die alle draußen über Land streichen, von einem Heiligen zum andern, und *ihre Krönerin und Gatzam im alchmm*, Frau und Kind mit unterwegs, und haben den *Wetterhahn* und den *Windfang*, den Hut und den Mantel voll Zeichen hängen, und der *Windfang* ist *gefetzt*, der Mantel ist gearbeitet aus vielen Stücken. Und die haben dann die *Hutzen*, die ihnen den *Lehem dippen*, die Bauern, die ihnen Brot geben, von denen hat jeder sechs oder sieben Sack, und davon ist keiner leer. Seine Schüssel, seinen Teller, seinen Löffel, Flaschen und allen Hausrat, der zur Wanderschaft gehört, trägt er mit sich. Diese *Stabüler* lassen nimmermehr vom Betteln, auch nicht ihre Kinder, von Jugend an bis ins hohe Alter, denn der Bettelstab ist ihnen warm geworden in den *Grifflingen*, in den Händen, die mögen und können nicht mehr arbeiten, und werden *Glyden* und *Glydesfetzer* aus ihren *Gatzann*, Huren und Zuhälter werden aus ihren Kindern, *Zwickmann* und *Kaveller*, Henker und Schinder.
Wo diese *Stabüler* auch hinkommen, in Städte oder Dörfer, da heischen sie vor einem Haus um Gottes Willen, vor einem andern *granten*, betteln sie um Sankt Veltins willen, vor dem dritten um St. Kürins willen, *sic de aliis*, genauso mit andern,

je nachdem sie glauben, daß man ihnen darum gebe, und sie bleiben bei keiner *Nahrung* allein.
Conclusio: Du magst ihnen geben, wenn du willst, denn sie sind halb böse und halb gut, nicht alle sind bös, aber der größere Teil.

Von den Loßnern

Das dritte Kapitel geht über die *Loßner*. Das sind Bettler, die erzählen, sie seien sechs oder sieben Jahre gefangen gelegen, und sie tragen die Ketten mit sich, darin sie gefangen gelegen:
Bei den Ungläubigen — *id est* im *Sonnenboß*, im Hurenhaus — um Christi Glauben willen: Item auf dem Meer, in den Galeeren oder in den Schiffen in Eisen gelegen. Item unschuldig in einem Turm, und sie haben das *loe Bsaffot*, gefälschte Papiere, von einem Fürsten aus fremden Landen oder von dem Herrn aus dem *Kilam*, aus der Stadt, daß es also sei — wie es *gefoppt* und *gefärbt*, gelogen und betrogen ist. Und sie erzählen auch, sie hätten bei Unserer Lieben Frau zu Einsiedeln gelobt — im *Dallingerboß*, im Henkershaus haben sie das getan — oder irgendeinem andern Heiligen — im *Schöcherboß*, in der Schänke —, je nachdem, in welchem Land sie gerade sind, hätten ein Pfund Wachs und ein silbernes Kreuz versprochen mit einem Meßgewand. Und da ist ihnen durch das Gelübde geholfen worden. Als sie sich dem Heiligen versprochen hätten, seien ihnen die Ketten aufgegangen und zerbrochen und sie seien unversehrt von dannen gegangen. Item: Etliche tragen gar Panzer an, et *sic de aliis*, und dergleichen mehr. Nota: Die Ketten haben sie vielleicht besorgt, haben sie vielleicht *fetzen*, fertigen lassen, oder vielleicht *gejenft* in einer *Diftel*, geklaut in einer Kirche vor Sankt Lenhardt.
Conclusio: Diesen Bettlern sollst du nichts geben, denn sie gehen mit *Foppen* und *Färben* um, mit Lügen und Betrügen, und unter tausenden sagt nicht einer die Wahrheit.

Von den Klenckern

Das vierte Kapitel ist von den *Klenckern*. Das sind die Bettler, die auch vor den Kirchen sitzen an allen Meßtagen oder den Kirchweihen mit den böse zerbrochenen Schenkeln, einer hat keine Füße mehr, der andere keine Schenkel, der dritte keine Hände mehr oder keinen Arm: Item etliche haben Ketten bei sich liegen und erzählen, sie seien unschuldig gefangen gelegen, und gewöhnlich haben sie dann einen Heiligen, Sankt Sebastian oder Sankt Lenhart, bei sich stehen, um deren Willen sie mit großer, jämmerlicher, klagender Stimme bitten und heischen, und jedes dritte Wort, das sie *barlen*, sprechen, ist *gefoppt*, gelogen, und der Mensch wird dadurch nur *besefelt*, beschissen, denn dem sind seine Schenkel oder seine Füße im Gefängnis oder im Block um böser Sachen willen abgefeult worden. Item und jenem ist eine Hand im Krieg abgehauen worden wegen des Spiels, um der *Metzen*, der Huren willen. Item mancher verbindet einen Schenkel oder einen Arm und geht auf Krücken, ihm gebricht es sowenig wie andern Menschen.

Item zu Utenheim hat ein Priester gewohnt mit Namen Herr Hans Ziegler, der ist jetzt Kirchherr in Roßheim, der hatte seine Muhme bei sich. Es kam einer auf Krücken vor sein Haus, die Muhme brachte ihm ein Stück Brot. Er sprach: Willst du mir sonst nichts geben? Sie sprach: Ich hab nichts anderes. Er sprach: Du alte Pfaffenhure, willst du den Pfaffen reich machen? Und flucht ihr alle Verwünschungen, die er sich ausdenken konnte, hinterher. Sie weinte, kam in die Stuben und sagte es ihrem Herren, der herauslief, dem nach. Der ließ seine Krücken fallen und floh, so schnell, daß ihn der Pfaffe nicht einholen konnte. Kurz danach wurde dem Pfaffen sein Haus verbrannt, und der meint, der *Klencker* hätte es getan.

Item, ein anderes Exempel: Zu Schlettstadt saß einer vor der Kirche, der hatte einem Dieb am Galgen den einen Schenkel abgehauen, hatte ihn vor sich hingelegt und hatte ihn auf seinen gesunden Schenkel gebunden. Derselbe war mit einem andern Bettler uneins. Dieser lief bald darauf zu einem Stadtknecht und meldete ihm das. Als jener bald darauf den Stadtboten kommen sah, ließ er den bösen Schenkel liegen und lief zur Stadt hinaus — ein Pferd hätte ihn nicht eingeholt. Er wurde bald darauf in Achern an den Galgen gehängt, und der dürre Schenkel hangete neben ihm, und er hat Peter von Kreutznach geheißen.

Item: Das sind die allergrößten Gotteslästerer, die man finden kann, die solches und dergleichen tun, sie haben auch die allerschönsten *Glyden*, Huren, sie sind die allerersten auf den Meßtagen oder Kirchweihen und die letzten, die gehen.

Conclusio: Gib ihnen so wenig du kannst, denn es sind nur *Besefler* der *Houtzen*, Bescheißer der Bauern und aller Menschen. Exempel: Einer hieß Utz von Lindau, der war seit vierzehn Tagen im Spital zu Ulm, und auf Sankt Sebastianstag lag er vor einer Kirche und verband sich Schenkel und Hände und konnte doch Füße und Hände verwenden. Der wurde den Stadtknechten verraten; als er sie kommen sah, floh er zur Stadt hinaus, ein Roß hätte ihn nicht einholen können.

Von Debissern oder Dopfern

Das fünfte Kapitel ist von *Debissern*. Das sind Bettler, die *Stirnenstösser*, die *hostiatim* von Haus zu Haus gehen, und *bestreichen* die *Houtzen* und die *Hützin*, und legen die Bauern und die Bäuerinnen herein mit Unserer Lieben Frau oder mit andern Heiligen. Und sie sagen, das sei Unsere Liebe Frau von der Kapelle, und sie seien Brüder derselben Kapelle. Item, die Kapelle sei arm, und sie heischten Flachsgarn für ein Altartuch — der *Schrefen* zu einem *Claffot*, der Hure für ein neues Kleid. Bruchsilber zu einem Kelch — zu *verschochern* und *verjonen*, zu versaufen und zu verspielen. Item Handtücher, mit denen sich die Priester die Hände trocknen könnten — zu *verkimmern*, zu verkaufen.

Item, das sind auch *Debisser*: Die Kirchenbettler, wo mancher Brief und Siegel hat und an einer zerbrochenen *Diftel breget*, an einer zerfallenen Kirche bettelt oder an einer neuen Kirche zu bauen vorgibt: Sie sammelten für ein Gotteshaus, das läge nicht weit der Nase nach, das hieße Maulbrunn.

Conclusio: Diesen *Debissern* gib allen nicht, denn sie belügen und betrügen dich. An eine Kirche, die im Umkreis von zwei oder drei Meilen von dir liegt, wenn von da fromme Leute kommen und heischen, denen soll man nach Bedarf geben, was man will und mag.

Von Kammesierern

Das sechste Kapitel ist von *Kammesierern*, das sind Bettler, item junge Scholaren, junge Studenten, die Vater und Mutter nicht folgen und ihren Meistern nicht gehorsam sein wollen. Und *apostatieren*, laufen fort und kommen so in böse Gesellschaft, die in der Wanderschaft auch gelehrt ist. Die helfen denen dann schon, das ihre zu *verjonen*, *versencken*, *verkimmern* und *verschochern*, zu verspielen, versetzen, verkaufen und versaufen. Und wenn sie dann gar nichts mehr haben, dann lernen sie das Betteln oder *Kammesieren*, das gelehrte Betteln, lernen die *Houtzen besefeln*, die Bauern bescheißen, das *Kammesieren* also.

Item, sie kämen aus Rom — aus dem *Sonnenboß*, dem Hurenhaus — und wollten Priester werden — am *Dollmann*, am Galgen. Einer ist Acolitus, der andere Epistler, der dritte Evangelier, der vierte ein *Galch*, ein Pfaffe — und man hätte niemanden als fromme Leute, die einem mit ihren Almosen helfen könnten, weil einem in Todesnöten alle Freunde abgegangen seien.

Item, sie *scheren Kronen*, sie schneiden sich Tonsuren, und sind nicht ordiniert, haben auch kein *Format*, keine Priesterweihe, obwohl sie erzählen, sie hätten es. Und ist eine *loe*, eine böse, falsche *Vot*, Nahrung.

Conclusio: Diesen *Kammesierern* gib nicht, denn je weniger man ihnen gibt, um so besser werden sie und um so eher lassen sie davon ab, sie haben auch *loe Format*, die falsche Weihe.

Von Vagierern

Das siebente Kapitel ist von *Vagierern*, das sind Bettler oder Abenteurer, die gelbes Garn tragen und aus Frau Venus Berg kommen und die die Schwarze Kunst verstehen. Die werden genannt Fahrend Schüler.

Wenn dieselben in ein Haus kommen, dann fangen sie so an zu sprechen: Hier kommt ein Fahrender Schüler der Sieben Freien Künste, ein Meister — die *Houtzen* zu *befefeln*, die Bauern zu bescheißen — einer, der die Teufel beschwört bei Hagel, Gewitter und andern Ungeheuern, danach spricht er etliche *Charaktere*, Zaubersprüche und macht zwei oder drei Kreuze und spricht:

Wo diese Worte werden gesprochen
da wird niemand mehr erstochen
es geht auch niemand an Unglück zuschand
nicht hier und nicht im ganzen Land,

und viele andere kostbare Worte. So glauben dann die *Houtzen*, die Bauern, es geschehe also, und sind froh, daß er gekommen ist, weil sie noch nie einen Fahrenden Schüler gesehen haben, und sie sagen zu dem *Vagierer*: Dieses oder jenes ist mir widerfahren, könnt Ihr mir helfen, ich würde Euch ein oder zwei Gulden geben. Und er sagt: Ja — und *befefelt* so den *Houtzen* ums *Meß*, bescheißt so den Bauern ums Geld.

Mit den Experimenten ernähren sie sich. Die *Houtzen*, die Bauern meinen bei dem, was sie ihnen erzählen, sie könnten die Teufel beschwören. So könnten sie einem helfen bei allem, was einem ein Anliegen ist. Denn es gibt nichts, das du sie nicht fragen kannst, ohne daß sie dir dafür ein Experiment vorführen. Das heißt — sie können dich bescheißen und betrügen um dein Geld.

Conclusio: Vor diesen *Vagierern* hüte dich, denn womit sie auch umgehen, es ist alles erlogen.

Von den Grantnern

Das achte Kapitel ist von den *Grantnern*. Das sind Bettler, die sprechen so in des *Houtzen Boß*, im Hause des Bauern: Ach, lieber Freund, seht nur, ich bin mit den *fallenden Siechtagen*, der Fallsucht von Sankt Valentin belegt und beschworen, mit Sankt Kurin, Sankt Veit und Sankt Antonius, und ich habe den lieben Heiligen sechs Pfund Wachs, ein Altartuch, einen Silberling (etcetera) Opfer versprochen. Das muß ich nun sammeln mit frommer Leute Steuer und Hilfe. Darum bitte ich Euch, daß Ihr mir einen Heller, ein Rüfchen Flachs oder ein Unterband Garn zum Altartuch beisteuern wollt. Mögen Euch Gott und der liebe Heilige wohl behüten vor Plagen und Siechtagen. *Nota, ein loe Stück*, Merke, ein falsches Stück. Item, etliche fallen auch vor der Kirche allenthalben zu Boden, die nehmen Seife in den Mund, daß ihnen der Schaum faustdick herauskommt, und stechen sich mit einem Halm in die Nasenlöcher, daß sie anfangen zu bluten, als ob sie die Siechtage hätten. Und ist alles ein Bubenstück, dieselben sind Landstreicher, die alle Land brauchen. Item Ihrer sind viele, die sich auf diese Art Nahrung beschaffen, und die *barlen*, die reden also: Merket auf, lieber Freund, ich bin eines Metzgers Sohn, ein Handwerker. Vor einiger Zeit hat es sich zugetragen, daß ein Bettler vor meines Vaters Haus gekommen ist, und er hat um Sankt Veltins Willen geheischen. Und mein Vater gab mir einen Pfennig, ich sollte ihn ihm bringen. Ich sprach: Vater, das ist ein Bubenstück. Der Vater hieß mich, ihn zu geben. Und ich gab ihn ihm nicht.
Von Stund an kam mich die Fallsucht an, und ich habe Sankt Veltin drei Pfund Wachs und eine gesungene Messe versprochen. Und das muß ich nun heischen und erbetteln mit frommer Leute Hilfe, weil ich es so versprochen habe. Sonst habe ich an dem, was ich habe, genug. Darum bitte ich Euch um Beisteuer und Hilfe, und daß Euch der liebe Sankt Veltin wohl behüten möge und beschützen.
Und alles, was er sagt, ist erlogen.
Item, er bettelt seit mehr als zwanzig Jahren für drei Pfund Wachs und Messen und *verjont* und *verschöchert* es, verspielt und versäuft es, *verbölts*, bringt das Bettelwerk im Hurenhaus durch. Und deren sind viele, die noch ganz andere, subtilere Worte benutzen, als die hier vermerkt wurden. Etliche haben *Bsaffot*, Brief und Siegel darauf, daß alles wahr sei.
Conclusio: Wer von den *Grantnern* vor dein Haus kommt oder die Kirche, und schlicht und einfach um Gottes willen heischt und nicht viel geblümte Worte gebraucht, dem sollst du geben, denn es ist mancher Mensch wirklich beschwert mit den schweren Siechtagen der Heiligen.

Aber die *Grantner*, die viele Worte gebrauchen und von großen Wunderzeichen sagen und wie sie ihr Gelübde getan haben, und wenn sie das Maul auch noch wohl gebrauchen können, das ist ein Kennzeichen, daß sie es schon lange treiben — die sind ohne Zweifel falsch und nicht richtig, denn sie schwätzen dem, der ihnen Glauben schenkt, eine Nuß vom Baum, vor denen hüte dich und gib ihnen nichts.

Von Dützern

Das neunte Kapitel ist von den *Dützern*. Das sind Bettler, die seien lange krank gewesen und hätten, wie sie sagen, dem oder jenem Heiligen eine schwere Pilgerfahrt versprochen, *ut supra in precendenti capitulo*, wie oben in einem vorhergehenden Kapitel, — alle Tage mit drei ganzen Almosen —, worauf sie nun alle Tage von Haus zu Haus gehen müßten, bis sie fromme Menschen finden, die ihnen drei ganze Almosen geben.
Wenn dann ein frommer Mensch fragt: Was ist denn ein ganzes Almosen, sagt der *Dützer*: Ein *Blaphart*, ein Groschen, von denen muß ich alle Tage drei haben. Ich nehme auch nicht weniger, denn die Fahrt hilft mir sonst nichts. Etliche auf drei Pfennige, etliche auf einen Pfennig, *et in toto nihil*, und sie müßten das Almosen von einem unbescholtenen Menschen haben.
Viele Frauen sind nun so hoffärtig, daß sie, ehe sie unfromm genannt werden, lieber zwei *Blaphart* geben, und dann schickt eine jede denjenigen noch weiter zur nächsten. Und die benutzen viele andere Worte, die hier jetzt nicht gemeldet wurden. Item, an manchen Tagen nehmen sie wohl an die hundert Blaphart ein, und es ist alles *gefoppt*, alles erlogen, was sie sagen. Item: Man sagt auch *gedützt*, wenn ein Bettler vor dein Haus kommt und spricht: Liebe Frau, ich wollte Euch um einen Löffel Butter bitten, ich habe viele kleine Kinder, daß ich ihnen eine Suppe machen kann. Item, um ein *Betzam*, um ein Ei: Ich habe eine Frau im Wochenbett, die ist erst achttägig. Item, um einen Weintrunk: Ich habe eine kranke Frau, *et sic de aliis*, und so weiter — Das heißt *dützen*.
Conclusio: Den *Dützern* gib nichts, die da sagen, sie hätten gelobt, am Tage nicht mehr als drei oder vier ganze Almosen zu sammeln, *ut supra*, wie oben gemeldet. Die andern sind *halb hund*, *halb lötsch*, halb gut, halb böse, der größere Teil aber böse.

Von Schleppern

Das zehnte Kapitel ist über die *Schlepper*. Das sind die *Kammesierer*, die sich für Priester ausgeben. Sie kommen in Häuser, begleitet von einem Schüler, der ihnen den Sack nachträgt, und sprechen also: Hier kommt eine geweihte Person, mit Namen Herr Jörg Keßler von Kitzbühl (so könnte er sich dann nennen), und ich bin aus d e m Dorf und j e n e m Geschlecht (das die Leute dann wohl kennen), und ich will an d e m Tag meine erste Messe lesen in jenem Dorf und ich bin geweiht worden auf d e m Altar in d e m Dorf oder j e n e r Kirche (Der hat nun kein Altartuch, kein Meßbuch etcetera). Das kann ich aber nicht vollbringen ohne besondere Steuer und Hilfe aller Menschen. Und jeder, der sich in den dreißig Frühmessen im Advent empfiehlt mit einem Opfer, dem wird manche Seele aus seinem Geschlecht erlöst. Soviele Pfennige er gibt, soviele Seelen werden ihm erlöst.

Item, sie schreiben auch die *Houtzen* und die *Hützin*, die Bauern und die Bäuerinnen, in eine Bruderschaft ein und sagen, die sei von einem Bischof zugelassen mit Gnade und Ablaß, dadurch solle ein Altar aufkommen. So wird man dann dazu bewegt: Der eine gibt Garn, der andere Flachs oder Hanf, ein Tischlaken, Handtücher oder Bruchsilber.

Und sagt, das sei keine Bruderschaft, wie sie die andern *Quästionierer*, Bettelmönche hätten, denn die kämen alle Jahre wieder, er aber käme nicht noch einmal (denn käme er wieder, er würde *geflössel*t, ersäuft).

Item, diese Nahrung ist fast im ganzen Schwarzwald in Gebrauch und im Bregenzerwald, in Kurwalden und in der Bar und im Allgäu und im Etschland und im Schweizerland: Überall, wo wenig Priester sind und die Kirchen weit auseinander stehen und die Höfe auch.

Conclusio: Diesen *Schleppern* oder Buben gib nicht, denn es ist nur übel angelegt. — Exemplum: Einer hieß Mansuetus, der lud auch Bauern ein auf seine erste Messe nach Sankt Gallen. Sie suchten ihn dort, aber sie fanden ihn nicht; nach dem Essen fanden sie ihn im *Sonnenboß*, im Hurenhaus — aber er entkam.

Von den Zickissen

Das elfte Kapitel ist von den *Zickissen*, das heißt von Blinden. Merke: Es sind dreierlei Arten Blinde unterwegs: Etliche werden genannt *Blocharten*, das sind Blinde, die sind von Gottes Gewalt blind, die gehen auf Wallfahrt, und wenn sie in eine

Stadt kommen, so verbergen sie ihre *Gugelhüte*, ihre Kapuzen, und erzählen den Leuten, sie seien ihnen gestohlen worden oder sie hätten sie da, wo sie gelegen hätten, verloren. Und so sammelt ihrer einer an die zehn oder zwanzig Kappen, und die verkaufen sie dann.

Etliche Blinde werden genannt, die sind um Missetaten oder Bosheit willen geblendet worden. Die gehen über Land und tragen gemalte Täfelchen, ziehen vor die Kirchen und tun sich aus, sie seien in Rom, zu Sankt Jakob oder an anderen fernen Stätten gewesen.

Und dann erzählen sie von großen Zeichen und Wundern, die da geschehen seien — und alles ist ein Betrug und Beschiß.

Etliche Blinde werden genannt, die *mit dem Bruch wandeln*, die laufen mit ihrem Gebrechen herum. Das sind die, die vor zehn Jahren oder mehr geblendet wurden. Dieselben nehmen nun Baumwolle und machen die Baumwolle blutig, nehmen dann ein Tüchlein und binden es über die Augen und sprechen: Sie seien Kaufleute oder Krämer gewesen, seien in einem Wald von bösen Leuten geblendet worden und anschließend drei Tage oder vier Tage an einem Baum gestanden, und wären da nicht zufällig Leute vorbeigekommen, wären sie da umgekommen. Und das heißt *mit dem Bruch gewandelt*, mit den Gebrechen hausieren gehen.

Conclusio: Erkenn sie wohl, ob du ihnen geben willst. Mein Rat: Nur den Bekannten.

Von den Schwanfeldern oder Blickschlagern.

Das zwölfte Kapitel ist von den *Schwanfeldern* oder *Blickschlagern*. Das sind Bettler, die, wenn sie in eine Stadt kommen, lassen sie die Kleider in einer Herberge und setzen sich vor die Kirche, fast nackend und zittern jämmerlich vor den Leuten, daß man glauben soll, sie litten großen Frost — so haben sie sich mit Nesseln oder andern Dingen gestochen, daß sie brennen. Etliche erzählen, daß sie beraubt worden seien von bösen Leuten, etliche sagen, sie hätten krank gelegen und ihre Kleider versetzen müssen, etliche sagen, sie seien ihnen gestohlen worden. Und sie tun das darum, daß ihnen die Leute Kleider geben. Dann *verkimmern* sie die, *verbölens* und *verjonens*: verkaufen, versaufen und verspielen es.

Conclusio: Hüte dich vor diesen *Schwanfeldern*, denn es sind Bubenstücke, und gib ihnen nichts, sei es Frau oder Mann — außer du kennst sie gut.

Von den Foppern und Fopperinnen

Das dreizehnte Kapitel ist von den *Foppern*. Das sind Bettler, und zwar allermeistens Frauen, die lassen sich in Ketten führen, als ob sie wahnsinnig wären. Die zerren sich Schleier und Kleider vom Leib — um so die Leute zu betrügen. Es gibt auch etliche, die treiben *Fopperei* mit *Dützen*. Das sind die, wo einer über seinem Weib oder einem andern Menschen steht, die heischen und sagen, sie seien vom bösen Geist besessen — und es ist gar nicht an dem — und sie hätten sich einem Heiligen versprochen — den nennt er dann — und er müßte zwölf Pfund Wachs oder andere Dinge haben, durch die dieser Mensch erlöst werde vom bösen Feind. Die heißen *Fopper, die da dützen*.

Conclusio: Es ist eine böse, falsche *Nahrung*. Man singt: Welch *Breger* eine *Erlatin* hat / die nicht *foppen, färben* gat / erschlagen sie mit einem Schuh — Ein Bettler, der 'ne Gattin hat / die nicht lügen, trügen geht ...

Es sind auch etliche Fopper, namentlich Frauen, die tun sich so aus, als ob es ihnen weh an den Brüsten sei, nehmen eine Milz, schälen die an einer Seite, legen sie über die Brust, kehren das Geschälte nach außen und bestreichen das mit Blut, daß man glauben soll, es sei die Brust, die heißen *Fopperin*.

Von den Dallingern

Das vierzehnte Kapitel ist von den *Dallingern*. Das sind die, die vor den Kirchen stehen und sind Henker gewesen und haben seit einem oder zwei Jahren davon gelassen. Sie schlagen sich selber mit Ruten: Sie wollten büßen und eine Wallfahrt wegen ihrer Sünden tun. Und sie erbetteln manchmal viel Gut damit. Wenn sie es eine Weile getrieben haben und die Leute also betrogen, werden sie wieder Henker wie zuvor. Gib ihnen, wenn du willst, es sind und bleiben Buben, die solches tun.

Von den Dützbetterinnen

Das fünfzehnte Kapitel ist von den *Dützbetterinnen*. Das sind Bettlerinnen, die sich im Land um und um vor die Kirchen legen und breiten ein Leinentuch über sich und setzen Wachs und Eier vor sich hin, als ob sie Kindbetterinnen, Wöchnerinnen seien. Und erzählen, ihnen sei vor vierzehn Tagen ein Kind gestorben —

wiewohl ihrer etliche seit zehn oder zwanzig Jahren keines mehr gemacht haben, und die heißen *Dützbetterinnen*. Diesen zu geben gibt es keine Ursach. Es lag einmal ein Mann zu Straßburg unter einem Leinentuch vor dem Münster, und er wurde als Wöchnerin ausgegeben. Der wurde von amtswegen aufgehoben, gefangen und in das Halseisen gestellt, und danach wurde ihm die Stadt verboten.
Es sind auch etliche Weiber, die nehmen sich an und tun so, als ob sie seltsame Gestalten ausgetragen und zur Welt gebracht hätten. Als kürzlich in dem tausendfünfhundertneunten Jahr nach Pforzheim eine Frau kam, erzählte dieselbe Frau, wie daß sie ein Kind und eine lebendige Kröte vor kurzem zur Welt geboren habe. Dieselbe Kröte habe sie dann zu Unserer Lieben Frau zu Einsiedeln getragen, daselbst wäre sie noch lebendig. Der müßte man alle Tage ein Pfund Fleisch geben, die hielte man zu Einsiedeln für ein Wunder. Und bettelt also: Daß sie jetzt auf dem Weg wäre gen Aachen zu Unserer Lieben Frau, sie hätte auch Brief und Siegel, die ließe sie auf der Kanzel verkünden. Dieselbe hat einen starken Jungen in der Vorstadt im Wirtshaus sitzen, der auf sie wartet, den sie mit solcher Gaunerei ernährt. Da ward man ihrer durch den Torwächter inne und wollte sie ergreifen — aber sie waren gewarnt worden und machten sich davon: Und es war alles, womit sie umgegangen, Büberei und erlogen.

Von den Sündfegern

Das sechzehnte Kapitel ist über die *Sündfeger*. Das sind starke Kerle, die ziehen mit langen Messern durchs Land und erzählen, sie hätten einen *leiblos* getan, umgebracht, es sei aber nur zu ihres Leibes Notwehr gewesen. Und dann nennen sie eine Summe Geldes, die sie haben müssen, und wenn sie das Geld nicht bringen können, so wolle man ihnen das Haupt abschlagen. Dazu haben etliche von denen einen Knecht mit sich gehen, auf *seinen Angster*, auf seine Kosten, der geht in Eisen und Ketten, mit Ring und Schloß, der sagt dann, er sei für jenen, um eine Summe Geldes — die er dann nennt — Bürge vor den Leuten, und habe er das Geld nicht bis zum Ziel, müßten sie beide verderben.

Von den Sündfegerinnen

Das siebzehnte Kapitel ist über die *Sündfegerinnen*. Das sind der vorgenannten Kerle *Krönerinnen*, Frauen, oder ihrer ein Teil auch *Glyden*, Huren. Die laufen über Land und erzählen, sie hätten ein loses Leben geführt, wollten sich jetzt aber bekehren von den Sünden. Und sie betteln um Almosen um Sankt Maria Magdalena willen — und betrügen damit die Leute.

Von den Billträgerinnen

Das achtzehnte Kapitel geht über die *Billträgerinnen*. Das sind die Frauen, die sich alte Wämser, Flicken oder Kissen über den Bauch und unter die Kleider binden, sodaß es den Anschein hat, sie gingen mit einem Kinde schwanger, und sie haben in zwanzig Jahren oder mehr kein einziges gemacht. Das heißt: *mit der Bille gehen.*

Von der Jungfrauen

Das neunzehnte Kapitel ist von der *Jungfrauen*. Das sind Bettler, die da Klappern tragen, als ob sie aussätzig wären, und sind es doch nicht. Das heißt: *Mit der Jungfrau gehen.*

Von Mumsen

Das zwanzigste Kapitel ist von *Mumsen*. Das sind Bettler, die in dem Anschein, Begharden zu sein, gehen, und sie sind es doch nicht. Wenn die in den Kutten der Nollbrüder gehen und erzählen, sie seien die freiwillig Armen, dann haben sie ihre Weiber an heimlichen Orten sitzen und gehen mit ihrem Gewerbe um. Das heißt: In den *Mumschen* gehen.

Von Übern Söntzen Gehern

Das einundzwanzigste Kapitel ist von *Übern Söntzen Gehern*. Das sind die Landfahrer oder Bettler, die sprechen, sie seien des Krieges, des Feuers und des Gefängnis halber vertrieben und beraubt, und ziehen sich gar säuberlich an, als ob sie edel wären, obwohl es so nicht ist, und haben das *loe bsaffot*, falsche Papiere, das heißt: *Übern Söntzen gehen.*

Von den Kandierern

Das zweiundzwanzigste Kapitel ist von den *Kandierern*. Das sind Bettler, säuberlich gekleidet, die tun sich aus, als ob sie Kaufleute gewesen seien in Übersee, und haben das *loe bsaffot*, den falschen Brief, vom Bischof, wie der einfache Mann glaubt, aber es ist schon im dritten Kapitel wohl erzählt worden von den *Loßnern*, wie man sich falsche Briefe besorgt — und sie sagen, sie seien beraubt worden, und sind es doch nicht. Die gehen *Übern Klant.*

Von den Veranerinnen

Das dreiundzwanzigste Kapitel ist von denen, die *auf Keimen gehen*, die als Juden gehen. Das sind Frauen, die erzählen, sie seien getaufte Jüdinnen und seien Christin geworden. Und sie sagen den Leuten, ob ihr Vater oder ihre Mutter in der Hölle sind oder nicht. Und sie *geilen*, betteln den Leuten Röcke, Kleider und andere Dinge ab, und haben auch falsche Brief und Siegel. Dieselben heißen *Veranerinnen*.

Von Christianern und Calmierern

Das vierzehnte Kapitel ist von *Christianern* und *Calmierern*. Das sind Bettler, die Zeichen an den Hüten tragen, besonders römisch Veronika und Muscheln und andere Zeichen. Und gibt jeweils einer dem andern Zeichen zu kaufen, daß man glauben soll, sie seien an den Stätten und Enden gewesen, wovon sie die Zeichen tragen, obwohl sie doch niemals dorthin kommen. Und sie betrügen die Leute damit, die heißen *Calmierer*.

Von den Seffern

Das fünfundzwanzigste Kapitel ist von den *Seffern*. Das sind Bettler, die streichen sich mit einer Salbe an, die heißt Oben und Oben, und legen sich dann vor die Kirche. So werden sie verwandelt, als ob sie lange krank wären gewesen und als ob ihnen das Antlitz und der Mund ausgebrochen wären. Und wenn sie drei Tage später ins Bad gehen, so geht alles wieder ab.

Von den Schweigern

Das 26. Kapitel ist von den *Schweigern*. Das sind Bettler, die nehmen Pferdemist und mengen den mit Wasser und bestreichen damit beide Hände und Arme, damit werden sie geschaffen, als ob sie die Gelbsucht hätten oder andere große Krankheiten, was doch nicht ist. Damit betrügen sie die Leute, und die heißen *Schweiger*.

Vom Burckhart

Das siebenundzwanzigste Kapitel ist vom *Burkhart*. Das sind die, die ihre Hand in einen Handschuh stoßen, hängen sie in einer Binde an den Hals und sagen, sie hätten Sanct Antoniens Buße oder eine andere Strafe eines anderen Heiligen, und es ist doch nicht so. Damit betrügen sie die Leute, das heißt: *Mit dem Burckhart gehen*.

Von Platschierern

Das achtundzwanzigste Kapitel ist von *Platschierern*. Das sind die Blinden, die vor den Kirchen auf den Stühlen stehen und schlagen die Laute. Dazu singen sie manches Lied von fernen Ländern — wo sie nie hingekommen sind — und wenn sie ausgesungen haben, fangen sie an zu *foppen* und zu *ferben*, zu lügen und betrügen, wie sie blind geworden seien.
Item: Die Henker *platschieren* auch vor den *Difteln*, vor den Kirchen, wenn sie sich nackt ausziehen und sich selbst mit Ruten und Geißeln schlagen, um ihrer Sünden willen. Und sie benutzen die *Fopperei*, denn der Mensch will betrogen sein, wie Du in den vorhergehenden Kapiteln wohl gehört hast, und das heißt: *Platschiert*.
Auch die auf den Stühlen stehen und sich mit Steinen und andern Dingen schlagen und von den Heiligen erzählen, werden gewöhnlich Henker und Schinder.

Der zweite Teil

Dieses ist der zweite Teil dieses Büchleins und erzählt von etlichen *Notabilia*, Anmerkungen, die zu den vorgenannten *Nahrungen*, Arten des Broterwerbs gehören. In kurzen Worten begriffen.
Item, es sind etliche unter den Vorgenannten, die heischen vor keinem Haus und keinem Tor, sondern sie gehen in die Häuser, in die Stuben, ob jemand darinnen ist oder nicht, daß das keine gute Sache ist, erkennst du von selbst. Item: Es sind auch etliche, die gehen in der Kirche an einer Seite hinauf und an der andern hinunter, tragen dabei ein Schüsselchen in Händen. Die haben sich dafür mit Kleidung ausgestattet und gehen kraftlos, als ob sie schwer krank wären. Und sie gehen von einem zum andern, neigen sich zu ihm, ob man ihm etwas geben wolle: Die heißen *Pflüger*.
Es gibt auch etliche, die entleihen Kinder auf Allerseelen-Tag oder einem andern heiligen Tag. Und setzen sich vor die Kirche, als ob sie viele Kinder hätten, und sagen, das seien mutterlose Kinder oder vaterlose — und sie sind es doch gar nicht — auf daß man ihnen — je mehr, desto lieber — gebe um des *Adone*, um Gottes Willen.
Exemplum: Zu Schweiz gibt es in einem Dorf eine Ordnung, daß man einem jeden Bettler gibt fünf Heller, daß er zum mindesten ein Vierteljahr lang nicht wiederkommt, in derselben Gegend zu betteln. Eine Frau hatte einmal diese fünf Heller genommen, um nicht mehr in der Gegend zu betteln. Alsbald danach schnitt sie sich ihre Haare ab und bettelte durch das Land wie zuvor. Und kam wieder gen Schweiz in das Dorf und saß vor der Kirche mit einem jungen Kind. Als man das Kind aufdeckte, war es ein Hund. Da mußte sie fliehen aus dem Land. Dieselbe hat Weissenburgerin geheißen und saß zu Zürich im *Kratz*, in der Vorstadt.
Item: Es sind etliche, die ziehen gute Kleider an und heischen auf den Gassen. Da treten sie einem näher, es sei Frau oder Mann, und sagen, sie seien lange krank gelegen, und sie seien Handwerksburschen, hätten nun alles, was sie besäßen, verbraucht und schämten sich zu betteln, man möge ihnen etwas beisteuern, daß sie weiterkämen, die heißen *Gänsescherer*.
Item, es sind auch etliche unter den Vorgenannten, die geben sich aus, als könnten sie Schätze graben oder suchen. Und wenn sie jemanden finden, der sich überreden läßt, so sagen sie dem, sie müßten Gold und Silber haben dazu und viele Messen lesen lassen et cetera, mit vielen andern Worten, die sie sich zugelegt haben. Damit

betrügen sie den Adel, die Geistlichen und auch die Weltlichen, denn es ist nie gehört worden, daß solch ein Bube Schätze gefunden hätte — sondern sie haben nur die Leute damit beschissen. Die heißen *Sefelgräber*.

Item, es sind auch etliche der Vorgenannten, die halten ihre Kinder desto härter, damit daß sie auch lahm werden sollen. Ihnen wäre auch gar nicht recht, wenn sie gut laufen könnten. Auf daß sie desto besser taugen, die Leute zu bescheißen mit ihren bösen *loen foten*, mit ihren falschen Nahrungen.

Item, es sind auch etliche unter den Vorgenannten, die haben, wenn sie in die Dörfer kommen, *Fingerli von Konterfei*, falschen Schmuck gemacht. Und sie bescheißen ein Schmuckstück mit Kot und erzählen dann, sie hätten es gefunden, ob es einer kaufen wolle, so denkt dann eine einfältige *Hützin*, Bäuerin, das sei Silber und erkennt es nicht und gibt ihm sechs Pfennig oder mehr darum. Damit wird sie nun betrogen. Das gleiche mit Rosenkränzen oder anderen Zeichen, die sie unter dem Mantel tragen. Die heißen *Wiltiner*.

Item, es sind auch etliche *Quästionierer*, Bettelmönche, die das heilige Gut, das ihnen geschenkt wird, sei es Flachs, Schleier, Bruchsilber oder anderes, übel anlegen. Der Wissende versteht mich gut, ich lasse es aber bleiben, wie ihre *Beseflerei* geht, denn der einfache Mann will betrogen sein. Ich gebe keinem *Quästionierer*, nichts, allein nur den vier Vollmachten, die anschließend geschrieben stehen: Sankt Anthonius, Sankt Valentin, Sankt Bernhart und der Heilige Geist, dieselben sind bestätigt vom Heiligen Stuhl in Rom.

Item: Hüte dich vor den Krämern, die dich zu Hause besuchen, denn du kaufst nichts Gutes, sei es Silber, Kram, Gewürze oder anderer Art.

Hüte Dich desgleichen vor den Ärzten, die durch die Lande ziehen und Thyriak und Wurzeln feilbieten und tun sich großer Dinge aus, besonders einige, die blind sind.

Einer, genannt Hans von Straßburg, ist ein Jude gewesen, und er ist zu Straßburg getauft worden, zu Pfingsten vor Jahren. Und zu Worms sind ihm seine Augen ausgestochen worden. Und der ist jetzt Arzt und sagt den Leuten wahr, und zieht über Land — und bescheißt alle Menschen — wie, ist nicht nötig zu sagen, ob ich es wohl könnte.

Item, hüte dich vor den *Jonern*, oder Gaunern, den Falschspielern, die mit *Besefelei* umgehen *auf dem Brieff*, die mit den Karten betrügen: Mit Spieß und Bogen, mit dem *gefetzten Brieff*, mit gezinkter Karte, übern Boden, mit dem *andern Teil* — beim Austeilen —, übern Schrank. Auf dem *Reger*, beim Würfel: Mit den *Überlengten*, mit den *Herten*, mit dem *Gebürsten*, mit dem *Abgezogen* gezinkt. Mit den *Metzen, mit den *Steben*, mit *Gumnes*, mit *Prissen*, mit den *Vier Knechten*, *Voten*, Tricks... Mit *loem Meß* und *loem Stetinger*, mit Falschgeld und falschen Gulden, und vielen andern *Voten*, Tricks, die laß ich hier aus: *übern Rot übern Außzug, über den Holzhaufen* — es ist besser so.

Und dieselben Knaben kehren bei den Wirten ein, die »Zum Wanderstab« heißen — das bedeutet, daß sie keinem Wirt bezahlen, was sie ihm schuldig sind, und beim Abschied lassen sie gewöhnlich etwas mitgehen.

Item: Da ist noch ein Gewerbe unter den Landfahrern, das sind die *Mengen* oder *Spengler*, die Kesselflicker, die ziehen über Land und lassen die Weiber vorauslaufen, die *breien* und *lyren*, die bitten und anmachen. Etliche, aber nicht alle werden dabei mutwillig und unverschämt: Wenn man ihnen nichts gibt, so unterstehen sie sich und stoßen einem mit einem Stecken oder Messer ein Loch in den Kessel, auf daß ihre *Mengen*, ihre Kesselflicker zu arbeiten haben, *et sic de aliis*. Dieselben, *die mengen die Beschuden, die Horchen girig um die Wengel, so sie kommen in des Ostermanns Gisch, daß sie den Garle mögen girig schwachen, als uwer ans gelaufen mag* — dieselben betrügen die Edelleute und die Bauern dermaßen, daß sie in den Österreicher-Krug kommen, wo sie den Wein gierig in sich hineinschütten, wie Euereins sich vorstellen kann.

Das drit teil ist der Vocabularius.

A

Adone	got
Acheln	essen
Alchen	geen
Alch dich	geen hin
Alch dich vbern	mach dich vber
Breithart	die Witwen (Weide, Feld)
Alch dich vbern glentz	Eben so vil

B

Breithart	Witwen (Weide)
Boß	hauß
Boßhart	fleisch
Boßhartfetzer	metzler
Betzam	ein ey
Barlen	reden
Breger	betler
Bregen	betlen
Brieff	ein kart
Briefen	karten
Briessen	zutragen
Bresem	bruch
Breuß	aussetziger
Blechlein	kreutzer
Blech	blaphart (kleine Münze)
Bsaffot	brieff
Briefelfetzer	schreiber
Boppen	liegen
Bolen	helfen
Beschocher	trunken
Breitfuß	ganß oder endt
Butzelmann	zagel
Boß dich	schweig
Bschuderulm	edel folck
Bschiderich	amptman

C

Caveller	schinder
Claffot	cleidt
Claffotfetzer	schneider
Christian	Jakobßbruder
Caval	ein roß

D

Derlin	wurffel
Dritling	schuch
Diern	sehen
Difftel	kirch
Dallinger	hencker
Dolman	galg
Du ein har	fleuch
Dotsch	fudt (Vulva)
Doul	pfennig
Dierling	aug
Dippen	geben

E

Ems	gut
Erlat	meister
Erlatin	meisterin
Ersercken	retschen

F

Funckart	fewer
Floßhart	wasser
Floßling	Fisch
Funckeln	sieden oder braten
Floslen	bruntzen
Flader	badstub
Fladerfetzer	bader
Fladerfetzerin	baderin
Fluckhart	hun oder fogel
Flick	knab
Flosselt	ertrenckt
Funckarthol	kochelofen
Feling	kremerij
Fetzen	arbeiten oder machen
Floß	Sup (Suppe)

G

Glentz	felt
Glathart	disch
Grifling	finger
Genffen	stelen
Gatzam	kindt
Gleidt	hur
Gleidenfetzerin	hurnwirtin
Gleidenboß	hurhauß
Goffen	schlahen
Ganhart	teuffel
Gebicken	fahenn
Gallen	statt
Gfar	dorff
Gackenscher	hun
Gurgeln	lantzknecht betlin
Glis	milch
Galch	pfaff
Galle	pfaff
Galchenboß	pfaffenhaus
Giel	mund
Gitzlin	stucklin brot
Grim	gut
Grunhart	feldt
Glesterich	glas
Gugelfrantz	munch
Gugelfrentzin	nun (Nonne)

H

Haufstaudt	hemd
Herterich	messer oder thegen
Himelsteig	pater noster
Houtz	bawr
Hutzin	bawrin
Hornbock	ku
Holderkautz	hun
Horck	bawr
Hellerichtiger	guldin
Hans walter	lawß
Har	Fluch
Hegiß	spital
Hocken	ligen
Hans von geller	grob brot

J

Joham	ein gelerter betler
Jonen	spilen
Joner	spiler
Juverbassen	fluchen

Jltis	statknecht	**M**	
Juffart	der rot ist oder freiheit	*Meß*	gelt oder muntz
		Mencklen	essen
K		*Meng*	keßler
Kammesirer	ein gelerter betler	*Megen*	ertrencken
		Molsamer	verreter
		Mackum	stat
Keris	wein		
Kimmern	kauffen	**N**	
Kroner	eman		
Kronerin	efraw	*Narung thun*	speiß suchen
Kielam	stat	**O**	
Krar	closter		
Klebiß	pferdt	**P**	
Klems	gefencknuß		
Klemsen	fahen	*Plickschlaher*	einer der nackent vmb laufft
Kapfim	jakobsbruder		
Kleckstein	verreter		
Klingen	leirer	*Platschierer*	die vff den bencken predigen
Klingenfetzerin	leirerin		
Krachling	ein nuß	*Platschen*	dasselbig ampt
Kabas	haupt	*Polender*	schlos oder burg
		Pfluger	die jn der kirchen mit schusselin vmbgeen
L			
Lehem	brot		
Loe	boß oder falsch		
Lefrantz	priester	**Q**	
Lißmarkt	kopff		
Lusling	orn	*Quien*	hundt
Lefrentzin	pfaffenhur	*Quingoffer*	hundschlaher
Limdruschel	die korn sameln	**R**	
Loe otlein	teufel		
		Reger	wurffel
		Ribling	wurffel
		Ruren	spilen

Richtig	gerecht	*Schlun*	schlaffen
Rubolt	freiheit	*Stolffen*	steen
Rauschart	strosack	*Stefung*	zil
Rippart	seckel	*Stabuler*	brot samler
Rot boß	betler herberig	*Stupart*	mel
Rieling	saw	*Spitzling*	habern
Regenwurm	wurst	*Schmalkachel*	vbel redner
Reel	schwer siechtag	*Schrentz*	stub
Runtzen	vermischen oder bescheissen	*Schmaln*	vbel reden oder sehen
Rantz	sack	*Stroborer*	gans
Roll	mul	*Schurnbrant*	bier
Rollfetzer	muller	*Streifling*	hosen
Rauling	gantz jung kindt	*Stronbart*	waldt
Rumpfling	senff	*Schwentzen*	geen

S

T

Schochern	drincken	*Terich*	land

V

Schocherfetzer	wirt		
Spranckart	saltz		
Schling	flachs	*Verkimmern*	verkauffen
Schreiling	kint	*Versencken*	versetzen
Schieß	zagel	*Voppen*	liegen
Schosa	fudt	*Vermonen*	betriegen
Schref	hur	*Voppart*	nar
Schrefenboß	hurhauß	*Verlunschen*	versteen
Strom	hurhauß		

W

Sonnenboß	hurhauß		
Senfftrich	beth	*Wetterhan*	hut
Schnieren	hencken	*Wintfang*	mantel
Schwertz	nacht	*Wißulm*	einfeltig volck
Sefel	dreck	*Wendrich*	keß
Sefeln	scheissen	*Wunnenberg*	hubsch jungfraw
Sefelboß	scheißhauß		

Z

Sontzin	edelfraw		
Sontz	edelmann	*Zwirling*	aug
Schmunck	schmaltz	*Zikuß*	ein blinder
Speltling	heller	*Zwicker*	hencker
Stettiger	guldin	*Zwengering*	wammes

Die Übersetzung in der Übersetzung

Der Liber vagatorum ist keine Papierliteratur. Er ist geschrieben wie gesprochen. Das haben wir bei unserer Übersetzung ins Neuhochdeutsche besonders im Rhythmus zu erhalten versucht. Dieses Buch wurde im Mittelalter nicht zum stillen Lesen der wenigen Schriftgelehrten verfaßt, sondern zum lauten Vortragen, Vorlesen vor einem schriftunkundigen gemischten Publikum. Dabei hatte der Vortragende die Möglichkeit, Kostproben des exotischen Rotwelsch, der Gauner-Geheimsprache, in seine Rede einzuflechten, was seine Zuhörer beeindruckte. Die Fragen nach der Bedeutung der Fremdwörter konnte er sofort mit ihrer Übersetzung und Erläuterung beantworten. Das beeindruckte die Zuhörer noch mehr.

Obwohl wir dieses Buch nun für ein still lesendes Publikum des 20. Jahrhunderts übersetzt haben, wollten wir die Übersetzung der Gaunersprache, also die Übersetzung der Übersetzung, nicht jedem Leser als Nachschlage- und Kniffelaufgabe überlassen. Der Lese-, also Erzählfluß des Textes wäre gestört oder gar zerstört worden, die Lektüre weniger ein literarischer Genuß als ein philologischer Slalom. Wir haben also — den Direktübersetzungen der mittelalterlichen Vor-Leser nachempfunden — die Wörter und Sätze der Gaunersprache im Text übersetzt. Das weicht von den vorgefundenen Originalabschriften ab, kommt aber unserer Meinung nach dem eigentlichen Erzählen des Verfassers und seiner Kolporteure viel näher: die Übersetzung in der Übersetzung.

Bettlerpaar.
Kupferstich des seit ca. 1470 tätigen Monogrammisten b × 8, München Kupferstichkabinett.

Eulenspiegel führt ein Bettlerpaar.
Kupferstich von Lukas van Leyden, 1520.

Verwandte Texte

Das Windschiff aus Schlaraffenland

Vor ein paar Jahren entdeckte der Germanist Erich Kleinschmidt eine Handschrift, die nach Inhalt und Tendenz in den Umkreis von Sebastian Brants ‚Narrenschiff' gehört: ‚Das Windschiff aus Schlaraffenland'. Der unbekannte Verfasser versammelt auf dem ‚verkehrten Schiff' die Spieler, Huren, Hebammen, Scholaren und Bettler, um sie ähnlich wie Brant außer Landes zu schaffen. Der Text wurde wahrscheinlich 1504 verfaßt, und zwar von einem Medizinstudenten in Mainz.
‚Im Windschiff faren wir uff drucknem landt', sagt der Autor und verwendet einen Topos der ‚Verkehrten Welt'. Die Insassen sind Toren, Narren, die im Schiff übers Land segeln wollen. Und weil sie Vertreter der Täusch-Künste sind, Quacksalber, Possenreißer, Spielteufel, wird ihr ureigenes Verkehrungsvermögen gegen sie verwandt. Ab ins Schlaraffenland! Aber nicht ins Wunschland der kleinen Leute, wo Überfluß und Freiheit herrschen, sondern auf das Terrain, dem die literarischen Narrenfresser das Wasser abgegraben haben. Der ‚Windschiff'-Autor versteht keinen Spaß und die ‚Verkehrte Welt' ist ihm nur verkehrt, kein Fest, kein Karneval.
Im Kapitel über die Bettler zitiert er einige der ein paar Jahre später im Liber vagatorum auftretenden Trick-Betrüger.
(Die folgende Übertragung stützt sich auf: Erich Kleinschmidt (Hg.): Das Windschiff aus Schlaraffenland, Bern und München 1977, S. 72ff.)

Über die Bettler

Ein Platz ist noch geblieben leer
fürs riesengroße Bettlerheer:
Vaganten, die die Leut betrügen,
Scholaren voll von List und Lügen.
Alles, was ehrlos sich ernährt,
ist fürs Schlaraffenschiff beschert.
Die übers Land fahrn für und für
und laufen vor der Leute Tür
und mit den Heiligen hausieren,
die betteln schlimm und deklamieren.
Hände und Füße sind verbunden,
sie machen selber sich die Wunden.
Falkenträger sind sie genannt,
andre als Steltzer sind bekannt.
Gelbsucht mit Pferdedreck gemacht,
gar mannigfaltig ausgedacht.
Mit Seifenschaum in ihrem Mund
stürzen sie hin zu jeder Stund,
wenns ihnen paßt, dann sind sie wund
die macht wohl nur der Strick gesund.
Sie bleiben nie an einem Ort
veralchen übern Breithart fort.
So leben sie von Dieberein,
Der Henker soll ihr Meister sein.
Denn sie bescheißen's ganze Land,
das hat man vordem nicht gekannt.
Betrüger trifft man, wo man geht,
einer, der Wurmmittel dir andreht
und Theriak, was es auch sei,
sie nennen das dann Arzenei.
Mit Schalkerei und sehr behende
schaffen sie nichts als Leid am Ende.
Sie mischen Kraut und Heu zusammen,
und jeder nennt sich Arzt mit Namen,

der nur ein Kräuterbuch gelesen,
kein Kranker kann davon genesen,
krepieren mußt du von dem Trank,
und wer gesund war, der wird krank.
Welche die Leute so bescheißen,
die sollte man ins Wasser schmeißen.
Doch bin ich jetzt mal lieber still,
wenn ich mein Leben behalten will.
Wer solchen Gaunern je vertraut,
der hat sein Haus auf Eis gebaut.
Der ist ein Narr, das merket eben,
der ohne Not verliert sein Leben.
Ist selber Schuld, wenn man's ihm nimmt.
Wenn es zu spät ist, ganz bestimmt,
dann klagt er Gott und Menschen an,
daß er vor Schmerz nicht schlafen kann,
bis daß er stirbt, Gott steh ihm bei.
Ist dann das Requiem vorbei,
wird ihm vergeben und indessen
hat man ihn bald darauf vergessen.

Bildunterschrift: So endet der Faulpelz. Völlig verarmt und zum Betteln gezwungen. Über sein flehendliches Bitten macht man sich aber nur lustig. ‚Geh, und such dir eine Arbeit!' Solchermaßen dem Haß ausgesetzt, gehts mit dem Faulpelz zuende.
Giuseppe Maria Mitelli, Mitte des 17. Jahrhunderts.

Tyl Ulenspiegel, Leutbetrüger

»Eh ich laß fahren meinen Wagen
will ich geschwind dazu noch schlagen
den Falschmönch mit dem Bettelsack,
Reliquienhändler, Gaunerpack.
Die Faulheit und die Fresserei
Untreue auch und Schalkerei
bringt manchen zu der Geistlichkeit.
Obwohl er trägt ein heilig Kleid
und einem Schafe gleichen tut,
ein Wolf ist's unterm Pfaffenhut ...«

So geht der anonyme Autor des ‚Windschiff aus Schlaraffenland' mit den ‚Storen' um, den ‚Statzinierern' oder ‚Stationierern', das sind Bettelmönche, die mit Reliquien zum Zwecke von Wunderheilungen durchs Land ziehen. Darunter etliche unechte (Mönche wie Reliquien), vielleicht die meisten.

Als ein solcher Statzinierer war auch Tyl Ulenspiegel einmal unterwegs. An ihn muß unbedingt erinnert werden, wenn von ‚Täuschkultur' die Rede ist. Der erste überlieferte Druck des Volksbuches vom Ulenspiegel stammt vom Jahre 1515 aus Straßburg. Der Liber vagatorum liegt also zeitlich wie räumlich nahe.

Ulenspiegel, der böse Schalksnarr des Volksbuches, ist ein Meister des Täuschens. Grün macht er zu blau, einen Esel lehrt er lesen, als falscher Arzt kuriert er einen richtigen, und es gibt kaum einen Narren oder Gauner, in den er sich nicht verwandeln könnte.

Ulenspiegel war der größte Leutbetrüger der frühen Neuzeit. Die Täusch-Kunst hat er mit den Vaganten des Liber gemeinsam, er setzt sie aber anders ein. Als ein professioneller Verkehrer weigert er sich hartnäckig und mit treffendem Sprachwitz, der die Worte im Munde der anderen herumdreht, die Grundwerte der Ursprünglichen Akkumulation zu akzeptieren: Pünktlichkeit und Sauberkeit, Fleiß und Disziplin. Als gerissener Schalksnarr stört er die neue Ordnung, wo immer er kann.

Die 31. Histori sagt, wie Ulenspiegel mit einem Totenhaupt umzog, die Leut darmit zu bestreichen und viel Opfer darvon ufhub

In allen Landen hätt sich Ulenspiegel mit seiner Bosheit bekannt gemacht, und wa er vor einmal gewesen war, da war er nit willkumm, es wär dann, daß er sich verkleidet, daß man ihn nit kannt. Also ging es an demselben End mit ihm zu, daß er sich mit Müßiggohn nit mehr trüwt zu ernähren, und war doch guter Ding von Jugend uff gewesen, und Gelds gnug uberkummen mit allerlei Gükelspiel. Da aber sein Schalkheit in allen Landen bekannt ward und ihm sein Nahrung hinter sich ging, da gedacht er, was er treiben sollt, daß er Gut uberkäm mit Müßiggohn, und nahm ihm für, ein Statzinierer uszutun und mit dem Heiltum im Land umher zu reiten, und kleidet sich mit einem Schuler in eins Priesters Gestalt und nahm ein Totenkopf und ließ ihn in Silber fassen und kam ins Land Pummern, da sich die Priester meh an das Suffen halten dann an das Predigen. Un wa dann etwan in eim Dorf Kirchweihung war oder Hochzeit oder andere Versammlung der Landlüt, da macht sich Ulenspiegel hin und (sagt dem) Pfarrer, daß er wollt predigen und den Buren das Heiltum verkünden, daß sie sich ließen bestreichen, und was er für Opfer uberkäm, das wollt er ihm halber geben. So war nun den ungelehrten Pfaffen wohl darmit, daß sie nit mehr dann Geld uberkämen; und so allermeist Volk in der Kirchen war, so steig er uff den Predigstuhl und sagt etwas von der alten Ehe und zog die nüwe Ehe darin mit der Archen und dem guldnen Eimer, da das Himmelbrot in lag, und sprach dazu, daß es das größt Heiltum wär; unterweilen sagt er von dem Haupt Sant Brandonus, der ein heilig Mann gewesen wär, des Haupt er da hätt, und daß ihm befohlen wär, damit ze sammlen, um ein nüwe Kirch zu buwen, und das tun mit reinem Gute, und bei seinem Leben kein Opfer nehmen sollte von keiner Frauen, die ein Ehebrecherin wär. »Und welch solche Frauen seind, die sollen still stohn, dann so sie mir etwas opfern werden, so sie schuldig seind in dem Ehebruch, ich nimm das nit, und sie werden vor mir verschämt, darnach wissen uch zu richten.« Und gab den Lüten das Haupt zu küssen, das vielleicht eins Schmieds Haupt gewesen wär, das er uff eim Kirchhof genummen hätt, und gab den Buren und Bäurin den Segen und ging ab der Kanzel für den Altar stohn, und fing der Pfarrer an zu singen und sein Schellen klingen. Da gingen die bösen mit den guten Wibern zum Altar mit ihrem Opfer, drungen sich zu dem Altar, daß sie kichten. Und die ein bös Gschrei hätt und da auch etwas an war, die wollten die ersten sein mit ihrem Opfer. Da nahm er das Opfer von Bösen und von Guten und verschmaht nüt, und so fast glaubten die einfältigen Frauen an sein listige schalkhafte Sach, daß sie meinten, welch Frau still wär gestanden, sie wär nit frumm gesein. Desselbengleichen welche Frau kein Geld hätt, die opfert ein guldin oder silbrin Ring, und je ein hätt acht uff die ander, ob sie auch opfert, und welche geopfert, die meint, sie hätt ihr Ehr bestätigt und ihr bös Geschrei damit genummen. Auch waren etliche, die zwei- oder dreimal opferten, uff daß das Volk das sollte sehen und sie us ihrem bösen Geschrei sollten lassen. Und er uberkam das schönste Opfer, desgleichen vor nie gehört ist worden. Und da er das Opfer hinweg hätt genummen, da gebot er bei dem Bann allen denen, die ihm geopfert hätten, daß sie nit mehr mit Büberei sollten umgohn, dann sie wärent deshalben ganz frei, und wären etlich derselben dagewesen, er wollte das Opfer nicht von ihnen entpfangen haben. Also warden die Frauen allenthalben frah. Und wa Ulenspiegel hinkam, da predigt er, und dadurch ward er reich, und die Lüt hielten ihn für ein frummen Prediger, so wohl kunnt er die Büberei verhehlen.

Die 68. Histori sagt, wie Ulenspiegel einen Buren um ein grün leindisch Tuch betrog vor Oltzen und ihn uberredt, daß es bla wär

Gesottens und Gebratens wollt Ulenspiegel allzeit essen, darum mußte er sehen, wa er das nähme. Uff ein Zeit kam er in den Jahrmärkt gen Oltzen, da dann viel Wenden und ander Landvolk hinkummt. Da ging er hin un har und besah in allen Orten, was da ze tun war. Unter andern so sieht er, daß da ein Landmann ein grün lündisch Tuch kauft und wollt darmit zu Haus. Da gedacht Ulenspiegel uff das letzt, wie er den Bauren um das Tuch betriegen möcht, und fragte nach dem Dorf, da der Bauer daheim war, und nahm zu ihm ein Schottenpfaffen und auch ein losen Gesellen und ging mit denen us der Stadt uff den Weg, da der Buer harkummen sollt, und macht sein Anschläg, wie sie ihm tun sollten, so der Buer mit dem grünen Tuch käm, daß es bla wär, und ihr einer sollt ein halb Ackerläng Wegs von den anderen sein gegen der Stadt wärts gohn. Also der Bäur mit dem Tuch us der Stadt ging, in Willen, das zu Hus zu tragen, den Ulenspiegel ansprach, wie er das schon bla Tuch kauft hätt. Der Buer antwurt und sagt, es wär grün und nit bla. Ulenspiegel sagt, es wär blau, daran wollt er zwanzig Gulden setzen und das nächst Mensch, das daherkäm, das grün und bla kennen kunnt, der sollt ihm wohl das sagen, daß sie also zufrieden wären. Da gab Ulenspiegel dem ersten ein Zeichen, daß er kam. Zu dem sprach der Buer: »Frind, wir zween seind zweispännig um die Farb von diesem Tuch, sag die Wahrheit, ob dies grün oder bla sei, und was du uns sagst, darbei wellen wir es bleiben lassen.« Der hub uff und sagt: »Das ist ein recht schön bla tuch.« Der Buer sagt: »Nein, ihr sein zween Schälk, ihr haben das vielleicht miteinander anglegt, mich zu betriegen.« Da sprach Ulenspiegel: »Wohlan, uff daß du siehest, daß ich recht hab, so will ich dir das zugeben und will das lassen bleiben bei diesem frummen Priester, der daherkummt; was er da sagt, das soll mir wohl und wehe tun.« Des der Buer auch zufrieden war. Als nun der Pfaff näher zu ihnen kam, sprach Ulenspiegel: »Herr, sagt recht, was Farb hätt dies Tuch?« Der Pfaff sagt: »Frind, das sehen Ihr selber wohl.« Der Buer sprach: »Ja, Herr, das ist wahr, aber die zween wöllen mich eins Dings uberreden, das ich weiß, daß es gelogen ist.« Der Pfaff sprach: »Was hab ich mit Euerm Hader zu schaffen, was frag ich darnach, ob es schwarz oder weiß sei.« — »Ach, lieber Herr«, seit der Buer, »entscheident [zwischen] uns, da bitt ich Euch um.« — »So Ihr das haben wöllen«, sprach der Pfaff, »so kann ich nit anders erkennen, dann daß das Tuch bla ist.« — »Hörst du das wohl?« sprach Ulenspiegel, »das Tuch ist mein.« Der Buer sagt: »Furwahr, Herr, wann Ihr nit ein gewihter Priester wären, so meint ich, daß Ihr lügen und alle drei Schälk wären, aber so Ihr ein Priester seind, so muß ich das glauben«, und ließ Ulenspiegel und seinem Gesellen das Tüch folgen, da sie sich gegen dem Winter inkleideten, und der Bur in seinem zerrissen Rock mußt gohn.

Gussman von Alfarche oder Picaro genannt

Die Geschichte des deutschen Schelmenromans beginnt 1615 mit der freien Übersetzung des spanischen Romans ‚Guzmán de Alfarache von Mateo Alemán'. Der engagierte Verfechter der Gegenreformation, Aegidius Albertinus (1560—1620), verwandelte den spanischen Picaro in einen exemplarischen Bösewicht, der sich im ersten Teil des Romans in den Niederungen der Welt herumtreibt, um im zweiten geläutert, bekehrt und gerettet zu werden.
Der in Holland geborene, spätere bayerische Hofsekretär Albertinus hatte wirklich nicht viel für Bettler und Vaganten übrig. Im Jahre 1612 schrieb er über sie: »Die Bettler und Landstörzer, Müßiggänger, Stationierer, Landstreicher, wollen lieber in Müßiggang allenthalben herumstörzen und betteln, denn arbeiten und ihr Brot in Ehren gewinnen: sie befinden sich dabei dermaßen wohl, daß sie das Betteln das güldene Handwerk nennen; und treiben es meisterlich, denn sie durchziehen, durchlaufen und durchstreichen alle Länder auf und nieder, hin und wieder, besuchen alle Jahrmärkte und Kirchtage, aller Fürsten und Herren Höfe, Stift und Klöster.« (A. Albertinus: Der Welt Tummel- und Schauplatz, München 1612, S. 384)
Im Gusmann-Roman (Der Landstörtzer Gusmann von Alfarche oder Picaro genannt, München 1615) schildert der Verfasser, wie der Schelmenheld betteln lernt: ‚Gusman fahet an zu betteln, gesellet sich zu andern Bettlern, lehrnet ihre Statuta, Gesetz und Ordnungen.'
In der Picaro-Version des Aegidius Albertinus (er hat nicht nur übersetzt, sondern den gesamten Läuterungsweg des Schelmen erfunden) begegnet uns der Widerspruch zwischen Schelm und Schurke, der auch den Liber, das ‚Narrenschiff' oder die ‚Schelmenzunft' kennzeichnet. Um die Gauner, Bettler und Vaganten verurteilen zu können, müssen ihre Untaten erzählt werden. Erzählen ohne einen Rest von Sympathie für die Umtriebe der raffinierten Subjekte ist langweilig. Es soll ja durch die Verdammung der schurkischen Volkskultur gerade ihre Ambivalenz getilgt werden. So treiben die wütenden Ausputzer der Narrheit und der Täuscherei auch ihre eigenen geheimen Sehnsüchte aus.

★

»O Armut und Not, wie sehr schwächst und vernichtest du Leib und Seele der Menschen. Zwei Sorten Armut gibt es, die eine kommt ungerufen über die Menschen, die andere aber wird gerufen und herbeigebeten. Gott bewahre uns vor der ersten. Sie ist ein finsterer Gast im Haus und führt zur Untreue, zu Diebstahl und Verachtung des Gesetzes. Über diese Armut soll hier erzählt werden. Nicht über die freiwillige, die das Herz erfreut, die Werke der Menschen erhöht und die Menschen schmückt als trügen sie Diamanten und Saphire. Von der anderen Armut ist hier die Rede. Ich verliebte mich regelrecht in sie, obwohl sie unflätig und schändlich ist.

Also fing ich an zu betteln. Überall, in Städten, auf dem Land und in den Häusern. In Italien hatte ich es gar nicht schwer damit. Dort liebt man dermaßen seine Nächsten und gibt so herrlich viel Almosen, daß man als Bettler schier im Überfluß leben kann.

Von Genua bis Rom gab ich keinen Heller aus, hatte überall reichlich zu essen. Ach, ich war ein Anfänger und gab den Hunden von meinem Essen ab, anstatt zu verkaufen, was ich übrig hatte. Als ich nach Rom kam, hätte ich mich gern ganz neu eingekleidet, aber niemand gibt einem gut gekleideten Bettler was, da beschloß ich, mein Erspartes zu behalten.

In meinen abgerissenen Kleidern und Haderlumpen fing ich dann mit dem Betteln an. Ich besuchte die Häuser der Kardinäle, Gesandten, Fürsten, Bischöfe und anderer Potentaten. Ein anderer Bettler führte mich und gab mir eine Menge guter Ratschläge. Wie ich bei den Reichen Mitleid erregen kann und die Frommen um ihr Geld bringen. Das Geschäft florierte dermaßen gut, daß Geld und Lebensmittel im Überfluß vorhanden waren.

Meistens bekam ich Brot. Das verkaufte ich dann an Leute, die Hühner und Kapaunen mästeten. Manmal gab man mir auch Kleider, weil ich halbnackt am meisten Mitleid erregte. Die verkaufte ich dann schnell wieder und sammelte einen richtigen kleinen Schatz.

Dann ging ich zu den alten, erfahrenen Bettlern, um mich weiterzubilden. Da lernte ich die Feinheiten und bekam sogar eine Bettlerordnung, damit ich nur nichts verkehrt mache.

Alles in allem war ich ein vortrefflicher Bettler und hätte sicher so weitergelebt, wenn ich nicht so vorwitzig gewesen wäre. Ich wollte wissen, ob man in Gaeta mit dem Betteln genauso gut fährt wie in Rom. Also ging ich dahin und setzte mich mit

einem Kopf voll Grind und Wunden vor die Kirche. (In Wirklichkeit hatte ich natürlich überhaupt nichts am Kopf). Mit wehklagender Stimme verlangte ich nach dem Almosen. Der Statthalter in eigener Person sah mich und war so gerührt, daß er mir gleich ein paar Heller überreichte. Ich konnte nicht genug kriegen. An einem anderen Tag präparierte ich meinen Schenkel, daß er grauenhaft anzusehen war. Vor der Kirche fing ich wieder an zu klagen und zu schreien und hielt meinen zerschundenen Schenkel hoch. Oh weh, da kam doch derselbe Statthalter vorbei und erkannte mich wieder. Er sagte, ich sollte mal aufstehen und mit ihm nach Hause gehen, ich würde da ein neues Hemd bekommen. Ich glaubte ihm und wir gingen in sein Haus. »Hör mal«, sagte er, »wie ist denn das möglich, daß jemand eine so gesunde Gesichtsfarbe hat und gleichzeitig einen so übel zugerichteten Schenkel?« »Mein Herr«, antwortete ich, »ich weiß es wirklich nicht, der Herrgott hat das so eingerichtet.«
Der Statthalter schickte kurzerhand nach einem Arzt, der mich untersuchte und fand, daß ich vollkommen gesund war.
Der Arzt entfernte die ganzen Lumpen und Pflaster von meinem Schenkel und zeigte das gesunde Bein dem Statthalter. Der befahl, daß ich mit Peitschenschlägen aus der Stadt gejagt werde, und so geschah es. Dann ging ich schnell wieder nach Rom, wo man nicht so genau ist und jeden betteln läßt, wie er will und kann.

Der Vagabund als Fuchs verkleidet. Auf dem Spruchband steht: »Wer sich mit mir auf den Weg macht, gewinnt.« Sammlung Bertarelli, Mailand, Mitte des 15. Jahrhunderts.

Der Prototyp eines Vaganten —
Hans von Straßburg

von Robert Jütte

★

Über die Quellen des Liber vagatorum ist in der einschlägigen Forschung bis heute noch nicht das letzte Wort gesprochen worden. Neben einzelnen literarischen Vorbildern (‚Basler Betrügnisse', das lateinische Traktat ‚de multiplici genere mendicantium'), hat der mutmaßliche Verfasser Matthias Hütlin, Spitalmeister zu Pforzheim, auch eigene Erfahrungen im Umgang mit betrügerischen Bettlern und ihm mündlich zugetragene Geschichten in seinem Gaunerbüchlein mitverarbeitet. So ist es beispielsweise gelungen, anhand der Erzählungen über die Frau, die in Pforzheim vorgab, eine Kröte zur Welt gebracht zu haben, den Nachweis zu führen, daß der Liber vagatorum auf jeden Fall nach 1509 verfaßt worden ist. Doch in den meisten Fällen, in denen auf konkrete Ereignisse verwiesen wird, ist es schwer, andere Belege aus zeitgenössischen Quellen ausfindig zu machen. Da hilft manchmal nur der Zufall weiter.
Im zweiten Teil des Liber vagatorum wird ein weiteres historisches Exempel für einen Leutbetrüger gegeben, das bisher noch keine besondere Aufmerksamkeit gefunden hat, aber — wie sich jetzt erst herausstellte — von zentraler Bedeutung für den Realitätsgehalt dieses Gaunerbüchleins ist. Der Verfasser warnt in diesem Abschnitt vor den Theriakskrämern und Wunderheilern, die durch das Land ziehen und die Leute betrügen. Als Beispiel nennt er Hans von Straßburg und fügt weitere interessante Einzelheiten über diesen Betrüger hinzu: »ist gewesen ein iud vnnd ist

zu Straßburg getaufft worden inn den pfingsten vor iaren, vnnd sind im sein augen auß gestochen worden zu Worms, vnnd der ist ietztund ein artzet vnd sagt den lüten war vnd zeucht affter land vnnd bescheißt alle menschen, wie, ist nit not ich künt es wol sagen.«

Was der Verfasser des Liber vagatorum dem Leser aus welchen Gründen auch immer verschweigt, findet sich durch Zufall in einem Strafregister einer deutschen Reichsstadt. Dieses bisher so gut wie unbekannt gebliebene rechtsgeschichtliche Dokument aus Nördlingen zeigt auch, wie groß damals der geographische Aktionsradius (der »Strich«) der betrügerischen Bettler und Gauner war. Das im Stadtarchiv Nördlingen erhaltene ‚Blutbuch' aus den Jahren 1415–1515 enthält für das Jahr 1487 den folgenden Eintrag: »Item, Hans von Straßburg, ein getaufter Jude, ist während der letzten Nördlinger [Pfingst]messe [3. Juni] nach hier gekommen und zu den Juden gegangen. Er hat von ihnen Geld gefordert und ihnen gedroht. Deswegen ist er in das Ratsgefängnis gekommen und als man ihn [peinlich] befragt hat und er [bei der Folter] aufgezogen wurde, hat er das Nachfolgende bekannt und nicht widerrufen.« Sein detailliertes Geständnis läßt keinen Zweifel daran, daß es sich um den später im Liber vagatorum erwähnten blinden Kurpfuscher handelt. Hans von Straßburg hatte Glück. In Nördlingen kam er mit dem Leben davon, obwohl er zunächst wegen seiner zahlreichen Straftaten zum Tod durch Ertränken verurteilt wurde. Auf Fürbitte ehrbarer Frauen, wie es einem damals üblichen Rechtsbrauch entsprach, konnte er seinen Kopf retten. Er mußte Urfehde schwören und wurde dann an den Pranger gestellt. Außerdem mußte er versprechen, auf ewig nicht mehr die Stadt zu betreten. Bevor er ausgewiesen wurde, erhielt er durch den Scharfrichter die in solchen Fällen ebenfalls übliche Prügelstrafe. Danach verliert sich die Spur des Hans von Straßburg im Dunkel der Geschichte, bis wir dann im Liber vagatorum weiteres über sein Schicksal erfahren. Offensichtlich ist er nie wieder nach Nördlingen zurückgekehrt und hat sein »Revier« ins Rheinland verlegt, wo er schließlich wieder in die Hände der Justiz geriet. Leider sind die einschlägigen Strafakten der Stadt Worms im 17. Jahrhundert einem Brand zum Opfer gefallen, so daß wir nicht mehr feststellen können, warum er dort auf gerichtlichen Beschluß hin geblendet wurde. Das Augenausstechen war im Mittelalter die übliche Strafe für den Wilddieb. Im 16. Jahrhundert wurde sie laut der Peinlichen Gerichtsordnung Kaiser Karls V. von 1532 (Artikel 159) im Ermessensfall bei schwerem Diebstahl verhängt. Doch scheint auch diese schwere Strafe, die den Betroffenen lebenslang entstellte, Hans von Nördlingen nicht von der schiefen Bahn abgebracht zu haben. Er verdiente sich nun seinen Lebensunterhalt als blinder Wunderheiler! Kehren wir nun wieder zu den Anfängen dieser ungewöhnlichen (weil so gut dokumentierten) Gaunerkarriere zurück.

Hans von Straßburg ist so etwas wie ein ‚missing link', ein fehlendes Glied in der Beweiskette, daß die niederen Schichten des jüdischen Volkes im Kontakt mit dem christlichen Vaganten- und Gaunertum standen. So erklärt sich auch, daß im Unterschied zu anderen europäischen Gaunersprachen das Rotwelsch einen beträchtlichen Teil hebräisch-aramäischer Elemente enthält, die nur über die jüdische Volkssprache in die Gaunersprache gelangen konnten, wie bereits Rudolf Glanz in seiner meisterhaften Studie über das historische Gaunertum, Bettelwesen und Vagantentum bei den Juden nachgewiesen hat.

Die Liste der von Hans von Straßburg im Verhör unter Folter zugegebenen Straftaten ist lang. Einige reichen sogar in die Zeit vor seiner Taufe zurück. Dazu zählt beispielsweise der Raub an einem nicht namentlich genannten Juden, den er zusammen mit einem anderen Juden begangen hat. Hans von Straßburg teilte das Schicksal so mancher Taufjuden, das häufig genug am Galgen endete. Um dieses zu verstehen, muß man sich die sozialen Auswirkungen einer solchen schwerwiegenden persönlichen Entscheidung, nämlich den christlichen Glauben anzunehmen, vergegenwärtigen. Als Hans von Straßburg in der elsässischen Reichsstadt das Sakrament der Taufe annahm, dürfte ihm von vornherein klar gewesen sein, welche Erwartungen man an ihn als getauften Juden stellte und welche Gegenleistung man ihm dafür anbot. Der Kirche ging es um den Propagandawert der Judentaufe, und sie versprach daher dem Proselyten Schuiz vor seinen bisherigen Glaubensgenossen und wirtschaftliche Starthilfe, da sie sich für das persönliche Wohlergehen des Täuflings verantwortlich fühlte. Doch herrschte dabei meist der Grundsatz, lediglich eine einmalige finanzielle Hilfe zu gewährleisten, um so die Kosten eines Tauferfolges möglichst in Grenzen zu halten. Das führte jedoch wiederum zu einem Mißbrauch. Es förderte das betrügerische Nehmen des Taufsakraments an verschiedenen Orten unter geändertem Namen. Selbst christliche Gauner machten sich diesen Umstand recht bald zunutze, indem sie sich als getaufte Juden ausgaben. Sie bildeten die im Liber vagatorum als ‚Veranerin' bezeichnete Klasse der Taufbetrüger. Im übrigen handelt es sich dabei um ein in ganz Europa verbreitetes Phänomen, wie die einschlägige Gaunerliteratur und die dort anzutreffenden Bezeichnungen (*iucchi* im italienischen Gergo, *convertis* im französischen Argot) beweisen.

Neben nicht unbeträchtlichen Geldgeschenken konnten die Taufjuden dabei meist auf eine Hilfe der weltlichen Obrigkeit bei der Besorgung eines Arbeitsplatzes oder einer Stelle rechnen. Man muß nicht nur in diesem Zusammenhang auf das bekannte Beispiel des zur literarisch-politischen Berühmtheit gelangten Kölner Taufjuden Johannes Pfefferkorn hinweisen, welcher die Stelle eines Spitalmeisters erhielt. Auch in anderen Städten finden sich ähnliche Fälle. Die Nürnberger Taufchronik vermerkt beispielsweise, daß 1381 ein nicht namentlich genannter Taufjude das Schlosserhandwerk erlernte, dann jedoch davonlief und vermutlich am Galgen gestorben ist. Auch Hans von Straßburg stand nach der Taufe nicht mit leeren Händen da. Er erhielt das Amt eines Seelmeisters (Verwalter) in einer der Straßburger Pilgerherbergen. Damit hätte er als getaufter Jude normalerweise die wirtschaftliche Basis gehabt, die ihm den Neuanfang und die radikale Trennung von seinem früheren sozialen Umfeld erleichtern helfen sollte. Doch es kam anders. Die frühere kriminelle Vergangenheit holte ihn schnell wieder ein. Er wurde dabei ertappt, wie er einen der Pilger betrog, indem er ihm die Weißpfennige nahm und sie gegen wertlose Rechenpfennige austauschte. Bei diesem Münzbetrug ging es zwar nur um einen geringen Geldbetrag (acht oder neun Albus, also knapp 1/3 Gulden), doch wurde er gleichwohl bestraft, und zwar von seinem Vormund (»tot«), der ihn mit Ruten schlug und zwang, das Geld zurückzugeben.

Wann und warum Hans von Straßburg die Stadt, in der er getauft worden war und deren Taufbescheinigung er auf seinen späteren Reisen mit sich führte, verließ, wissen wir nicht. Jedenfalls ist zu vermuten, daß er recht bald, vielleicht sogar unmittelbar nach dem entdeckten Betrug, auf Wanderschaft ging. Wie die Ortsangaben erkennen lassen, hielt er sich in dem Gebiet südlich der Mainlinie auf. Seinen Lebensunterhalt verdiente er sich, wie so viele seiner Weggenossen, durch Betteln, Diebstähle, Bauernfängerpraktiken und sonstige kleine Betrügereien. Die Vielfalt der von ihm angewandten Überlebenskünste ist wahrlich erstaunlich und vor allem außergewöhnlich detailliert dokumentiert. Von den im Liber vagatorum beschriebenen Finten der Gauner und Bettler kannte und praktizierte er mindestens acht. Sein Ruf als Nepper, Schlepper und Bauernfänger muß so groß gewesen sein, daß er nicht nur in den Strafregistern der Städte und Ämter, in denen er seinem unlauteren Gewerbe nachging, aktenkundig wurde, sondern daß er sogar zu »literarischen« Ehren kam und namentlich im wohl berühmtesten Gaunerbüchlein der Frühen Neuzeit, für das sich sogar Luther nicht zu schade war, ein Vorwort zu schreiben, genannt wird. Hans von Straßburg kommt zweifellos dem Prototyp des vielseitigen

Gauners, von dem bereits die ‚Basler Betrügnisse' aus dem Anfang des 15. Jahrhunderts Zeugnis ablegen, ziemlich nahe.

Der Straßburger Taufjude, der in seiner neuen bürgerlichen Existenz nicht zurecht gekommen war und dem deshalb nur die Landstraße blieb, fand recht schnell Kontakt zu christlichen Landstreichern, Bettlern und Gaunern. Namentlich erwähnt werden Clenstin Bischof, Niclas Vischer, Renhart von Kölen und Steffan Goldschmid, mit denen zusammen er leichtgläubigen Bauern das Geld abnahm. Daß es sich bei seinen Kumpanen nicht um »kleine Fische« gehandelt haben muß, geht schon aus der Tatsache hervor, daß alle vier in Kulmbach wegen der von ihnen begangenen Straftaten gehängt wurden. Auch Hans von Straßburg schreckte, wenn er auf »eigene Rechnung« arbeitete, nicht vor kleinen Diebstählen zurück. In Frankfurt stahl er zum Beispiel Messer und Schuhe. Einen weiteren Diebstahl (Beute 13 Dukaten) beging er zusammen mit seiner Frau, Ursula Schinderin (!), die er in Eger geheiratet hatte.

Wenn auch Eheverbindungen im damaligen Gaunermilieu nicht selten waren, so herrschte doch weitgehend Promiskuität vor. Aus dem Geständnis des Hans von Straßburg erfahren wir in dieser Hinsicht interessante Einzelheiten. Nicht nur beging Hans von Straßburg Ehebruch, als er in Nürnberg die Frau von Hannsen Schotten »heimführte«, sondern er versprach, nachdem er bereits mit Ursula verheiratet war, einem Mädchen (des Spitzenwurffels Tochter) die Ehe, um sie so leichter zum Beischlaf zu überreden. Aufschlußreich ist auch der Hinweis, daß er noch vor seiner Taufe sexuelle Beziehungen zu einer christlichen Frau namens Christine in Frankfurt unterhielt. Solche Geschlechtsvermischung von Juden und Christen stand seit dem IV. Laterankonzil von 1215 unter strenger Strafe. Dabei ging nicht nur der jüdische Partner ein hohes Risiko ein, auch seine christliche Beischläferin wurde im Regelfall hart bestraft. Ein solcher Vorfall ist uns für das Jahr 1470 aus Nördlingen überliefert. Wie später Hans von Straßburg war Mosse von Andernacht zur elf Tage dauernden Pfingstmesse nach Nördlingen gekommen, wo er sich alsbald mit zwei Christinnen, einem Mädchen und einer Ehefrau, einließ. Er wurde angezeigt und kam ins Gefängnis. Zur Strafe wurde er an den Pranger gestellt und mit brennenden Strohbüscheln aus der Stadt getrieben. Auch wurde ihm verboten, jemals die Stadt wieder zu betreten. Die beteiligten Frauen erhielten die gleiche Strafe, wurden allerdings nur auf zehn Jahre aus der Stadt verbannt.

Taufbetrüger und Taufjuden bildeten zweifellos eine Sonderklasse unter den Vaganten, die im Spätmittelalter und in der Frühen Neuzeit die Landstraßen bevölkerten. Wie bereits Rudolf Glanz nachgewiesen hat, war die Position der Taufjuden zu wichtig, um nicht von Gaunern ausgenützt zu werden: »Ihre Stellung befähigt sie, mit Leichtigkeit dorthin vorzudringen, wo die ohne diesen falschen Anschein operierenden Gauner den Weg versperrt finden würden. Als vorgeschobenes Glied in der Kette des Gaunertums, als richtige Mittlerklasse zwischen den Gaunern und der Umwelt, sehen wir die Taufjuden einen ständigen Zugang zum Gaunertum bilden.« (R. Glanz, Gaunertum, S. 71). Was vor allem für die Blütezeit des Räuberwesens im 18. Jahrhundert gilt, hat durchaus schon Gültigkeit für die Herausbildung des Gaunertums an der Wende zur Neuzeit, wenn auch die Quellen mit entsprechenden Nachweisen nicht so reichlich fließen wie im Aktenzeitalter. Auch Hans von Straßburg nützte seine intimen Kenntnisse des Judentums zu seinem Vorteil aus. Im Verhör gab er zu, daß er einstmals mit einer gemalten Tafel (wie ein Bänkelsänger), die von dem Judenpogrom in Passau 1478 und der ihm vorausgegangenen angeblichen Hostienschändung erzählte, Geld gesammelt habe. Dabei kannte er allerdings die Vorfälle in der Donaustadt nur vom Hörensagen, wie er selbst zugab. Vielleicht hatte er sogar das zeitgenössische Volkslied, welches später durch Rochus von Liliencron in seiner vier Bände umfassenden Volksliedersammlung abgedruckt wurde, im Repertoire oder kannte es zumindest. Mit der Schilderung dieser grausigen Ereignisse konnte er zweifellos auf jedem Jahrmarkt ein aufmerksames und zahlungswilliges Publikum finden, ohne sich dabei selbst als Taufjude vorstellen zu müssen und somit zusätzliche Sympathien und Mitleid zu erwecken. Doch nicht nur bei den Christen hoffte er, aus solchen Geschichten Kapital schlagen zu können. Noch größeren Gewinn versprach er sich durch einen plumpen Erpressungsversuch. Dazu hatte er sich als Opfer die kleine, aber zahlungskräftige jüdische Gemeinde in Nördlingen ausgesucht.

Als er zur Pfingstmesse nach Nördlingen kam, zu der jedes Mal auch viele Fremde in die Stadt strömten, wandte er sich an die ortsansässigen Juden und drohte ihnen, sie mit der Hostienschändung in Passau — die allerdings schon einige Jahre zurücklag — in Verbindung zu bringen, falls er nicht eine bestimmte Geldsumme von ihnen bekommen würde. Die Nördlinger Judengemeinde, die sich des Schutzes durch die städtische Obrigkeit wohl ziemlich sicher fühlte, ließ sich durch die Drohung, gegebenenfalls das Volk öffentlich gegen sie aufzuwiegeln, nicht einschüchtern und brachte den Erpresser zur Anzeige. Der Rat handelte schnell und inhaftierte den potentiellen Aufwiegler.

Lied des Fritz Fellainer über das Geschehen an den Juden in Passau 1478

Von den Juden zu Passau

Got vater sun in der ewigkait,
Maria du hochgelobti mait,
verleich uns wiz und sinne!
hailiger gaist, mich underricht,
daß von deiner wirdichait wirt hie
  gedicht,
und her dein lob verpringen

Nu merkt, ir herren, fraun und man,
was Kristof Eissiggreissenhamer
  hat getan,
gegen got er sich vergeßen hat:
er nam sich an des Judas mut
er verkauft got und sein raines plut,
daran tet er ain große tat!

Da man schraib im siben und
  sibenzigsten jar,
zu den Juden gein Passaw kam er dar,
er macht mit in ain gedinge;
er sprach: »kauft ir das sacrament,
ich gestell mich darnach pihend,
ich weil euchs zwegen pringen.«

Der Mandel Jud und Unger
  Jud namen sich des an:
»pring uns das sacrament, wir
  wellen dirs bezalen schon,
du tarfst nicht weiter fragen!«
Zwen Juden und ain krist, ir
  wurden trei,
gelupten an ainander ir falsche trew,
daß kainer auß in wolt sagen.

Der Kristof der ging dar nach zu hand,
da er unser frawen kirchen fand
in der Freiung ist das geschechen:
das floß prach er auf in dem gots haus,
das hochwirdich sacrament nam er
  herauß,
das kund er selbs vergechen.

Nun merkt, ir kristen, ain große klag,
er behielts piß an den tritten tag,
zu den Juden gein Passow kam er
  gegangen:
acht partikel des sacrament
schnaid er in auf ain tuch pihend,
daran hat er ain reinischen gulden
  enpfangen.

Der Mandel Jud pehielt das sacrament,
der Kristof hub sich auf pihend,
gein Garmelsperg kam er gegangen,
den stock prach er auf in dem gotshaus,
achthalben pfennig nam er herauß
und war da mit gefangen.

Got wolt das übel nicht lenger
  vertragen,
ungefragt tet ers dem landrichter sagen,
von den Juden zu Passow hiet er
  genumen
umb acht partikel des sacrament
ain reinischen gullden alls da pihend,
ains ist umb treißig pfennig kumen.

Da man schraib im acht und
  sibenzigsten jar.

Quelle: Rochus von Liliencron, Die historischen Volkslieder der Deutschen, Bd. 2,
Leipzig 1866 (Nachdruck Hildesheim 1966), S. 142/43

Dieser Vorfall wirft Licht auf die Gefahren, die den Juden damals durch Denunzianten aus den eigenen Reihen entstehen konnten. Während in Spanien die Judengemeinden von der Obrigkeit (wenigstens im 14. Jahrhundert noch) vor Denunzianten in Schutz genommen wurden, scheint in vielen deutschen Städten das Gegenteil der Fall gewesen zu sein. Das Handeln des Nördlinger Stadtrats war also eher die Ausnahme als die Regel. Bezeichnend für die deutsche Gaunersprache ist es, daß sie sehr früh bereits das hebräische Wort für ‹Verräter› bzw. ‹Denunziant›, nämlich *malschin*, übernahm. Im Rotwelschen begegnet uns dieses Wort als *molsamer* in der nicht näher spezifizierten Bedeutung ‹Verräter›, dessen Ableitung übrigens von hebräisch-aramäisch *sam/*‹Gift› (Wolf, Wörterbuch des Rotwelschen Nr. 3666) abwegig ist. In diesem Entlehnungsvorgang zeigt sich eine interessante soziolinguistische Erscheinung: »Dem deutschen Gauner war der Fakt, daß der Denunziant vom Juden kam und keinerlei Phänomen in der ihm vertrauten Welt dem gleichkam, in Fleisch und Blut übergegangen, und der daraus entspringende Sprachgebrauch mit dem »Molsamer« für seinen eigenen Klassenverräter deckte sohin ein ungeheures historisches Paradox: Die vom Judenvolk zum Gaunertum gestoßene Klasse der Denunzianten wurde zum linguistischen Symbol des Verrats an der Gaunerklasse selbst.« (R. Glanz, Gaunertum, S. 63). Nicht nur Juden, sondern wohl in erster Linie Taufjuden waren deshalb bei den jüdischen Gemeinden, wenn sie sich zu Spitzeldiensten und Denunziantentum herabließen, mit Recht gefürchtet, wie der Fall Hans von Straßburg zeigt. Doch Hans von Straßburg verkörpert nicht nur den *Molsamer*, den Klassenverräter, der als solcher bereits im Glossar des Liber vagatorum belegt ist, sondern noch eine Vielfalt der in diesem Gaunerbüchlein beschriebenen Gauner-und Bettlertypen.

Von den *Schleppern* heißt es im 10. Kapitel des Liber vagatorum, daß sie *Kammesierer* (vgl. ibid., 6. Kapitel) seien, die sich als Priester ausgeben und unter dieser »Gaunermaske« den Leuten Geld abschwindeln. Einer ihrer Tricks wurde auch von Hans von Straßburg mit Erfolg praktiziert. Mit vier weiteren Weggenossen, von denen einer die Sammelbüchse trug, gab er sich als Abgesandter eines Klosters aus und schwindelte den leichtgläubigen Bauern vor, daß sie mit der Zahlung eines nicht unerheblichen Geldbetrages ihre verstorbenen Verwandten und Familienangehörigen aus dem Fegefeuer erlösen könnten. Auf diese Weise bekamen sie von einem um das Seelenheil seiner Nächsten besorgten Schäfer aus Großwilfersdorf (?) 20 Gulden.

Wie bereits kurz erwähnt, bettelte Hans von Straßburg mit einer bemalten Tafel, welche die Ereignisse von Passau im Jahre 1478 darstellte. Ähnlich wie die im 18.

Kapitel des Liber vagatorum beschriebenen *Platschierer*, die vor den Kirchen auf Stühlen und Bänken standen und in Bänkelsänger-Manier von Ereignissen erzählten, die sie nicht persönlich erlebt hatten, machte sich Hans von Straßburg den Hunger der Menschen nach Sensationen und Neuigkeiten, der heute durch die Massenmedien befriedigt wird, zunutze. Das Umhertragen einer bemalten Tafel erinnert ebenfalls an die im Liber vagatorum unter der Bezeichnung *Zickisse* geführten geblendeten Bettler, die mit ihren *gemalte(n) tefelin* vor den Kirchentüren standen und märchenhafte und abenteuerliche Geschichten von Pilgerreisen, die sie nie unternommen hatten, erzählten.

Noch ein weiterer Gaunertrick wurde durch das Geständnis des Hans von Straßburg bestätigt. Zu den vielen Abarten des *Dützens* zählt auch das Betteln im Namen einer Wöchnerin. Der im Liber vagatorum erwähnte *Dützer* bittet zum Beispiel um ein Ei (*betzam*), da seine Frau angeblich im Kindbett liege. Bei Hans von Straßburg ist es ein weißes Leinentuch für die fiktive Wöchnerin, das auf diese Weise erschwindelt wird. Die milde Gabe ist nicht rein zufällig ein Stück Textil; denn nach dem weitverbreiteten Volksglauben war den Frauen sechs Wochen nach der Geburt das Spinnen verboten: »Wenn ein Weib in ihren Sechswochen spinnet, es mag seyn Wolle, Hanf oder Flachs, so verursacht sie hiermit, daß ihr Kind gehenkt wird.« (R. Beitl, Wb. d. deutschen Volkskunde, S. 980). Darin spiegelt sich noch die alttestamentarische Vorstellung, daß die Geburt unrein macht und die Wöchnerin daher, wie es späterem katholischen Brauch entsprach, in den sechs Wochen nach der Geburt besonderen rituellen Beschränkungen unterliegt.

Sowohl unter dem Stichwort *Platschierer* als auch *Schwanfelder* werden im Liber vagatorum zwei Bettlertypen beschrieben, denen gemeinsam ist, daß sie durch Nacktheit Mitleid erregen bzw. auf ihr Büßertum aufmerksam machen wollen. Hans von Straßburg verstand sich auf verschiedene Varianten dieses Tricks. So gab er beispielsweise zu, daß er sich einmal als Büßer ausgegeben habe und dabei nackt und mit einer Tafel bettelnd umhergezogen sei. Ein anderes Mal habe er seine Kleider ausgezogen und in einer Hecke versteckt; dann sei er unbekleidet ins nächste Kloster gegangen und hätte dort um eine Kleiderspende gebeten. Die Mönchskutten, die er auf diese Weise erhielt, dienten ihm, wie die weiteren Angaben im Verhörprotokoll unschwer erkennen lassen, als Tarnkleidung für weitere Gaunerstückchen.

Hans von Straßburg hatte noch eine weitere Reisemaske parat. Gelegentlich gab er sich als fahrender Schüler aus, der sich auf Wahrsagen verstand. Im Liber vagatorum sind es die *Vagierer*, die Wahrsager, Teufelsbeschwörer, die Leute betrügen.

Unter den *Vagierern* finden sich naturgemäß auch viele »echte« Studenten, die auf diese Weise ihren Lebensunterhalt verdienten oder das knappe *stipendium pauperum* aufbesserten. Einer von ihnen war der Kölner Baccalaureus Johannes Rover, von dem sein Professor, Jacob von Straelen, in der Promotionsrede folgenden Bettelvers berichtete:

Vrou moder, nu luct up u doer!
Meyster Jan, die is dairvoir,
Meyster Jan von Parijs,
Twe en seven ich kunsten wijjs,
Is un molken off (oder) benomen,
Mit hulpen von Goy selt weder komen.

Weitere Beispiele finden sich in der Vagantendichtung des 14. und 15. Jahrhunderts. Sie belegen, daß diese Bauernfängerei durch fahrende Schüler in der Frühen Neuzeit bereits Tradition hatte.
Daneben schlug sich Hans von Straßburg gelegentlich als Falschspieler durchs Leben. Wiederum waren die Opfer Bauern. Er wandte dabei einen Kartentrick an, der im Nördlinger Protokoll als *mit dem taillten* bezeichnet wird. Gemeint ist damit vielleicht der Trick, der von den Falschspielern (im Rotwelsch *Joner* genannt) damals häufig angewandt wurde und der im Liber vagatorum unter der Bezeichnung *mit dem andres teil* erscheint. Vermutlich dürfte es sich dabei um einen Betrug beim Austeilen handeln, wobei die zweitoberste Karte zuerst ausgegeben wird.
Was Hans von Straßburg im Verhör zugegeben hat, ist nur ein kleiner Ausschnitt aus dem unerschöpflichen Einfallsreichtum der »falschen« Bettler, von dem der Liber vagatorum Zeugnis ablegt. Die in diesem Gaunerbüchlein beschriebenen Tricks wurden ausweislich vorwiegend städtischer Kriminalakten des Spätmittelalters und der Frühen Neuzeit tatsächlich praktiziert. Doch nur selten findet sich die Information in so dichter Form wie im Verhör dieses »Erzbetrügers«, das 1487 in Nördlingen protokolliert wurde. Ein Blick in die Strafregister der Reichsstadt Köln beispielsweise, die sich aus dem 16. Jahrhundert erhalten haben, bringt weitere Belege für diese oder jene Finte, die bereits im Liber vagatorum ausführlich beschrieben ist, an den Tag. Dort wird von Bettlern berichtet, die sich *als ein pilgrum (Christianer)* oder *vur einen predicanten (Schlepper)* ausgaben. Andere wiederum hatten *sanckbrieffe* verkauft und *lügenhaftes lied* gesungen *(Platschierer)*. Eine Frau namens Fychens Mullers aus Dortmund bekannte 1599 im Verhör in einem der als Gefängnis dienenden Kölner Stadttürme, daß sie sich etwas auf den Bauch gebunden habe und

»armutz halber simuliert, alß wenn sie schwanger were, welches doch nit in wahrheitt nitt also, hett daß darumb gethan, damit sie mittleiden bei andern gutten leuten erwecken mogte, weil sie schuldig gewest (Schulden habe) und nitt zu betzalen gehatt.« (Stadtarchiv Köln, Verfassung und Verwaltung G 232, fol.56v/57r).
Trotz der zunehmenden Klagen über die Zunahme des betrügerischen Bettelns, wovon nicht zuletzt die Vorrede Luthers zum Liber vagatorum Zeugnis ablegt, muß man die in den Strafakten der Frühen Neuzeit überlieferten Betrugsfälle in den richtigen Proportionen sehen. Dabei darf man sich von gelegentlich in Chroniken und zeitgenössischen Berichten erwähnten Zahlenangaben nicht täuschen lassen (der englische Chronist Harrison spricht beispielsweise von 10.000 betrügerischen Bettlern, die um 1577 die Landstraßen Englands bevölkerten). Zuverlässiger sind quantitative Angaben, die sich auf serienmäßige Auswertung von Kriminalakten stützen. Allerdings sind solche Studien äußerst selten. Wo sie vorliegen, wie zum Beispiel für Württemberg, zeichnen sie ein differenziertes Bild des frühneuzeitlichen Vagantentums. In den 7000 Urfehden, die alle aus dem 16. Jahrhundert stammen und heute im Hauptstaatsarchiv Stuttgart aufbewahrt sind, nehmen nur ca. 4 Prozent auf Landstreichertum Bezug. Von diesen 300 Fällen sind wiederum nur 14 eindeutig in die Rubrik »betrügerischer Bettel« einzuordnen, also nicht einmal 5 Prozent der Fälle, in denen Vagabundage als Delikt im Vordergrund steht. Und noch etwas wird an den von Bob Scribner untersuchten Württemberger Malefizakten deutlich, nämlich der hohe Anteil derjenigen, die durch Verschwendungssucht und unsoliden Lebenswandel an den Bettelstab gebracht wurden, immerhin über 10 Prozent der wegen Vagabundierens bestraften Personen.
Die meisten betrügerischen Bettler, die uns in den Malefizakten begegnen, treten nur für einen kurzen Augenblick aus der Anonymität der Landstraße heraus. Wie in einer Momentaufnahme wird ihr Schicksal punktuell beleuchtet. Nur selten ist es uns vergönnt, ihren Lebensweg weiter zu verfolgen. Das macht den Fall Hans von Straßburg so interessant.

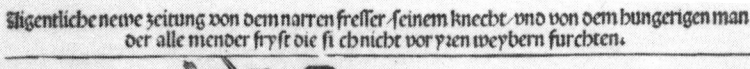

»... Weißt du, ich bin der Narrenfresser
und salz sie ein in leere Fässer
als Proviant für dürre Tage
wenn ich mal über Hunger klage.
Jetzt bin ich auf dem Weg zur Stadt
worin man morgen Fastnacht hat.
Da will ich reichlich Narren hetzen
und mich an ihrem Fleisch ergetzen! ...«

Der Narrenfresser. Eigentliche neue Zeitung vom Narrenfresser seinem Knecht und von dem hungrigen Mann, der alle Männer frißt, die sich nicht vor ihren Weibern fürchten. Gotha um 1530.

»Bei der Folter aufgezogen...«
Das Geständnis des Scharlatans

Der Liber vagatorum nennt wenige mit Namen: diejenigen, denen der »Adel« amtlicher Dingfestmachung, Folter, Bestrafung oder Kerker erspart blieb — oder die, wie die Bundschuhverschwörer, sofort hingerichtet wurden — blieben im großen Heer der Vagabunden namenlos.

Anders bei Hans von Straßburg. »Von Straßburg« weil der Jude christlich getauft wurde. Aktenkundig geworden, als dem Scharlatan Hans zu Worms die Augen ausgestochen wurden. So stellt ihn der Liber vagatorum im »Zweiten Teil« vor: »Einer, genannt Hans von Straßburg, ist ein Jude gewesen, und er ist zu Straßburg getauft worden...« (s.o.S.100)

Robert Jütte, hat eine aufregende Entdeckung gemacht: Derselbe Hans von Straßburg ist zu Nördlingen ergriffen, auf die Folter gespannt und über seine lebenslange kriminelle Karriere verhört worden. Jütte hat das Geständnis im »Blutbuch« der Stadt Nördlingen gefunden. Wir haben es ins Hochdeutsche übersetzt. Der Scharlatan — auf der Folter »aufgezogen« — gesteht:

Item: Clenstin Bischof, Niclas Vischer, Renhart von Köln und Stefan Goldschmid seien miteinander und mit ihm gezogen, und sie hätten die Bauern betrogen und gesagt, sie seien im Dienste eines Klosters unterwegs, und sie hätten einen unter sich gehabt, den hätten sie den Verkündiger genannt. So hätten sie den Bauersleuten vorgemacht, daß ihre toten Vorfahren wegen unrecht erworbenem Gut im Fegefeuer säßen und sie würden nie daraus erlöst werden, außer sie gäben ihnen nun dasselbe Gut noch einmal, das sie dann zu ihrem Kloster brächten: Da würden dann die Seelen mit Messen und andern Gebeten daraus erlöst. Es hätte einmal ein Schäfer auf solche Vorhaltungen hin ihnen zu Großwillersdorf 20 Gulden gegeben.

Item: Sonst hätten ihm die vier auch in anderem desgleichen geholfen. Die habe man zu Kulmbach gehängt.

Item: Zu Straßburg habe man ihn getauft — des habe er Brief und Siegel.

Item: Er habe mit einer Bildtafel gebettelt und gesagt, er sei dabeigewesen, als das Sakrament zu Passau geschändet worden ist. Was gar nicht wahr sei.

Item: Als er Jud gewesen, habe er zu Frankfurt um christliche Frauen gebuhlt. Und er sei auch allda unter die Krämer gegangen und habe ihnen Messer und Schuhe gestohlen.

Item: Er habe auch einer Wöchnerin für ein Leintuch gesammelt, obwohl er gar keine Wöchnerin gehabt habe.

Item: Als er zu Straßburg Seelenmeister gewesen sei und die Pilger beherbergt habe, habe er einmal einem Pilger acht oder neun Weißpfennig genommen und stattdessen Rechenpfennige hingelegt. Sein Vormund habe ihn deswegen mit Ruten gehauen. Das Geld habe er wiedergeben müssen.

Item: Er habe sich auch zu Zeiten nackend ausgezogen, mit der Tafel gebettelt und gesagt, er sei ein Büßer.

Item: Zu Zeiten sei er als Fahrend Schüler gegangen, habe den Bäuerinnen wahrgesagt und sie so um Eier und andere kleine Dinge betrogen.

Item: Einmal habe er seine Kleider ausgezogen, in eine Hecke gelegt und sei in die Klöster gegangen, um zu sagen, man habe ihn beraubt. Dadurch habe er die Mönche bewegt, daß sie ihm Kutten und andere Kleider gaben.

Item: Hans von Straßburg, getaufter Jud, ist während der letzten Nördlinger Messe gekommen und zu den Juden gegangen. Und er hat von ihnen Gold gewollt und dabei wie nachfolgend beschrieben gedroht. Er ist darum in das Ratsgefängnis gekommen. Als er dort verhört und bei der Folter aufgezogen worden ist, hat er das Nachfolgende bekannt und nicht widerrufen:

Item: Er gab zu, daß er von den Juden hier Gold haben wollte. Und daß er, als sie es ihm nicht geben wollten, ihnen drohte, sie auf der Messe wegen der Sakramente, die zu Passau mißhandelt worden seien, auszuschreien und anzuschwärzen und so das Volk gegen sie aufzubringen.

Item: Zu Nürnberg hat er das Eheweib von Hans Schotten heimgeführt.

Item: Als er ein Jud gewesen sei, habe er selbst geholfen, zu dritt einen andern Juden zu berauben.

Item: Er habe zu Eger ein Eheweib genommen, die sei genannt Ursula Schinderin, danach habe er des Spitzenwürffels Tochter an sich gehängt und ihr versprochen, wenn er ihr denn gefalle, wolle er versuchen, sie zur Frau zu nehmen.

Item: Er habe die Bauern beim Austeilen der Karten betrogen.

Item: Er habe einmal seinem Eheweib geholfen, 13 Dukaten zu stehlen.

Bei diesem Geständnis sind anwesend gewesen: Caspar Funcke und Hanns Menning Amünger und Paul Röhlin und der Bürgermeister. Darauf ist Hans von Straßburg in den Stock gesetzt worden und zum Ertränken verurteilt worden. Aber es ist ihm durch Fürbitte ehrbarer Frauen das Leben gerettet worden: Er wurde in den Pranger gestellt, der Bürgermeister mitsamt Caspar Funcken haben eine Urfehde von ihm genommen, und er hat geschworen, bei Verlust der Begnadigung, über den Rhein zu gehen und nie mehr zurückzukommen. Danach wurde er dem Scharfrichter befohlen, der ihn mit Ruten ausgehauen hat.
(Blutbuch der Stadt Nördlingen, 1415 bis 1515, folio 63 r bis 64 r)

63.

Urfehde des getauften Juden Hans von Straßburg, Nördlingen 1487.

Rotwelsch —
die Sprache der Bettler und Gauner

von Robert Jütte

★

Die Bezeichnung *rotwelsch* für eine unverständliche Sprache, die der Geheimhaltung dient, ist seit zirka 1250 in der deutschen Literatur belegt. Zumindest der zweite Wortbestandteil gab den Sprachhistorikern niemals Rätsel auf. Dazu heißt es bereits in der Vorrede zu einer späteren Bearbeitung des Liber vagatorum (Rotwelsche Grammatik, 1704): »Weil nun mancher begierig sein möchte zu wissen, was denn das wort rotwelsch eigentlich heisze, so findet man davon unterschiedliche meinungen bei den gelehrten, deren doch keiner, meines wissens, bis dato das rechte ziel getroffen [...] Welsch heiszet bei den Teutschen alles was fremd ist. Rot vermöge dieses lexici einen bettler, oder ratione originis ein zusammengerottetes gesinde.« Die hier gebotene Ableitung von *rot* darf heute als widerlegt gelten. Zweifellos handelt es sich um eine Nebenbedeutung der betreffenden Farbbezeichnung, und zwar in dem Sinne ‚schlau', ‚falsch', ‚gerissen', wie sie ebenfalls in anderen europäischen Gaunersprachen seit dem späten Mittelalter belegt ist.

Näheres über den Charakter dieser seltsamen Sprache erfahren wir durch ein spätmittelalterliches Gedicht (Vintlers ‚Blume der Tugend', 1411):

Aber daß sy sich selber treiben
zu narren vnd narren beleiben
so habent etlich knaben gefunden
eine neuwe sprach bei diesen stunden
vnd heyßet mans die rotwelsch

die treibt man yetz mit mangem falsch;
der sy nit wol verluntzen (verstehen) kan,
doch sicht man mangen ein torheit began.

Es handelt sich also um eine künstliche (neue!), den Betrug (falsch!) begünstigende Sprache, die geheim ist und daher von anderen nicht verstanden werden kann. Damit sind bereits die wichtigsten Merkmale der geheimen Sondersprachen, zu denen das Rotwelsch heute in der Sprachwissenschaft gezählt wird, angesprochen. Darüber hinaus dient diese Sprache als Gruppenabzeichen. Die heutige Argot-Forschung geht sogar soweit zu behaupten, daß die Gaunersprache weniger der Geheimhaltung als dem Gruppenzusammenhalt und der Identifikation in einer Solidargemeinschaft diente. Das ändert nichts an der Tatsache, daß diese künstlich geschaffene Sprache, die sich hauptsächlich im Wortschatz von der Gemeinsprache unterscheidet, für den Außenstehenden in der Regel unverständlich war. Zu den Initiationsriten der Subkultur der Fahrenden und sonstiger gesellschaftlicher Randgruppen (Dirnen, Scharfrichter, Hausierer etc.) zählte zweifellos das Erlernen des Rotwelschen. So heißt es beispielsweise in einer Lübecker Chronik aus dem Jahre 1425 über einen Kaufmann, der unter die Räuber fiel und, um sein Leben zu retten, sich zeitweise diesen anschloß, daß er ihre Sprache lernen mußte (»Do lerede he eme ere bisproke, dat ene den anderen bi kennet«). Auch hier steht die Funktion der Sprache, nämlich Erkennungszeichen zu sein, eindeutig im Vordergrund. Einen ähnlichen Grund für die Entstehung des Rotwelschen gibt uns Matthias von Kemmnat in seiner Chronik zum Jahr 1475. Dort ist die Rede von betrügerischen Bettlern, die »ein besunder deutsch vnd sprach reden, das sich irer einer vor dem andern selbs nit mage gehuten, vnd nennen ire sprach rottwelsch oder keimisch.« Letztere Bezeichnung bedeutet soviel wie ‚jüdisch' und leitet sich von dem im Mittelalter weitverbreiteten jüdischen Vornamen Chaim ab. Bei der Wortschöpfung dürfte dabei wohl das nicht geringe hebräische Element in dieser deutschen Sondersprache, von dem später noch ausführlicher die Rede sein wird, im Blickpunkt gestanden haben.

Die Erforschung des Rotwelschen ist manchmal eigentümliche Wege gegangen. Der erste, der der deutschen Gaunersprache im 19. Jahrhundert ein wissenschaftliches Interesse entgegenbrachte, war der heute nur noch als Verfasser des Deutschlandliedes bekannte Dichter Heinrich August Hoffmann von Fallersleben. Doch interessierte ihn weniger der soziale Hintergrund dieser Sprache als die sich dahinter angeblich verbergende Romantik des Gaunerlebens. Ihm gebührt das Verdienst, den Liber vagatorum einem breiteren literarisch interessierten Publikum bekanntgemacht zu haben. Als nächster beschäftigte sich der Lübecker Polizeidirektor Avé-Lallemant mit dem Rotwelschen und seinen Quellen. Er entdeckte auch die niederdeutsche Fassung des Liber vagatorum. Bis heute stützt sich die einschlägige Rotwelschforschung auf seine vierbändige Untersuchung, wenn auch zahlreiche Irrtümer, die diesem Dilettanten auf dem Gebiet der Sprachwissenschaft unterlaufen sind, inzwischen korrigiert werden konnten. Neben einem weiteren Kriminalisten, nämlich Louis Günther, sind hier vor allem der Wiener Philologe und Bibliothekar Josef-Maria Wagner, dem wir die bisher vollständigste Bibliographie der Ausgaben des Liber vagatorum verdanken, und der Freiburger Germanist Friedrich Kluge, der das unersetzliche rotwelsche Quellenbuch herausbrachte, zu nennen. Von den heutigen Forschern, die sich mit dem Rotwelsch intensiv beschäftigt und unsere Kenntnis von der Gaunersprache insbesondere unter sozialgeschichtlichen, linguistischen und literarischen Aspekten erheblich erweitert haben, sollen hier lediglich der Philologe Siegmund A. Wolf, der Volkskundler Peter Assion und die Germanisten Erich Kleinschmidt und Hans-Günter Lerch erwähnt werden.

Keine der Publikationen, die sich der deutschen Gaunersprache in ihrer historischen Entwicklung annehmen, unterläßt es, auf die herausragende Bedeutung des im Liber vagatorum überlieferten Rotwelsch hinzuweisen. Um so eigentümlicher und erstaunlicher ist es, daß bis vor kurzem sich niemand eingehender mit dem darin überlieferten rotwelschen Wortschatz beschäftigt hat. Wie der Verfasser in einer größeren Studie nachzuweisen versucht hat, bringt eine linguistische und sozialgeschichtliche Analyse des Liber vagatorum, die auf das soziale Umfeld des spätmittelalterlichen Bettler- und Gaunertums (oder die Ökologie des Argots, wie es so treffend in der französischen Forschung heißt) abhebt, neue Gesichtspunkte an den Tag und vermag auch einige dunkle Etymologien aufzuhellen bzw. wenig überzeugende Herleitungen rotwelscher Wörter zu korrigieren. »Eine tüchtige, nicht allzu knappe Sprachkenntnis und ein unbefangener Blick, der sich weder vom Leben noch von der Wissenschaft einseitig beirren läßt,« sind dabei die schon von J. M. Wagner geforderten unabdingbaren Forschereigenschaften.

Einschließlich des Texts umfaßt das Rotwelsch-Vokabular des Liber vagatorum (in seiner hochdeutschen, niederrheinischen und niederdeutschen Fassung) 320 Ausdrücke, die sich auf einen Grundbestand von 295 Morphemen (= lexikalische Einheiten) reduzieren lassen. Die etymologische Untersuchung des Wortschatzes zeigt, daß Luthers Urteil über die sprachlichen Wurzeln sich keinesfalls im vollen Umfange aufrechterhalten läßt. In seiner Vorrede zum Liber vagatorum, der 1528 unter dem Titel »Von der falschen Bettler Büberei« erschien, bemerkt Luther in diesem

Zusammenhang: »Es ist freilich solch rottwelsche Sprache von den Juden komen, denn viel ebreischer Worten drynnen sind, wie denn wol mercken werden, die sich auff Ebreisch verstehen.« Diese Bemerkung ist viel zu pauschal und überzogen, wie bereits S. A. Wolf und andere, allerdings ohne genaue Angaben über die Zusammensetzung des Wortschatzes zu machen, nachzuweisen versucht haben. Dabei gilt es vor allem, sich davor zu hüten, von der Zusammensetzung des jüngeren Rotwelsch, das starke Spuren der engen Kooperation zwischen jüdischen und christlichen Gaunerbanden des 18. Jahrhunderts zeigt, auf den früheren Sprachzustand zu schließen. Wie stark der hebräisch-aramäische Anteil an einzelnen rotwelschen Soziolekten im Laufe der Zeit und von Ort zu Ort variiert, geht aus der Tabelle klar hervor:

Die sprachliche Zusammensetzung des Rotwelschen im Liber vagatorum:

Herkunft	Liber vagatorum absolut	v. H.	Schlausmen v. H.	Manisch v. H.	Masematte v. H.
Hebräisch	65	22,1	48,0	11,3	39,0
Deutsch	53	51,9	31,7	14,6	12,3
Romani (zig.)	4	1,4	2,7	70,0	23,3
Niederländisch	19	6,8	andere Sprachen		
Französisch	5	1,7			
Latein	19	6,4	7,7	1,7	5,2
Spanisch	1	0,3			
Etymologie unsicher oder ungeklärt	29	9,8	11,8	2,3	20,2
Summe	295	100,0	100,0	100,0	100,0

Quellen: Liber vagatorum — eigene Berechnung. Schlausmen — vgl. Jütte, Sondersprache, S. 69. Manisch — vgl. Lerch, Manisch, S. 149. Masematte — vgl. Strunge/Kassebrock, Masematte, S. 69.

Im Liber vagatorum dominiert eindeutig das deutsche Element, das allerdings auf vielfache Weise verfremdet worden ist. Die hebräischen (nicht jiddsichen!) Wurzeln machen nur zirka 20 Prozent aus. An weiteren Fremdsprachen, aus denen das spätmittelalterliche Gauner- und Bettlertum geschöpft hat, sind vor allem Latein (6,4 %) und Niederländisch (ebenfalls 6,4 %) zu nennen. Erstaunlich gering ist der Anteil der Zigeunersprache, der sich nicht einmal auf zwei Prozent beläuft. Trotz der Schicksalsgemeinschaft zwischen Fahrenden und Zigeunern blieben, zumindest soweit es die Frühe Neuzeit betrifft, die Kontakte zwischen reisenden Zigeunerverbänden und losen Gruppen von Bettlern und Landstreichern auf ein Minimum beschränkt. Nur gelegentlich finden sich — wie Einsprengel — Lehnwörter aus anderen europäischen Sprachen (Französisch, Spanisch). Das Englische ist für die älteren Gaunersprachen des Kontinents völlig ohne Bedeutung gewesen.

Auf den ersten Blick mag es überraschen, daß die Gemeinsprache oder coterritoriale Umgangssprache als Hauptquelle für eine geheime Sondersprache gedient hat. Doch haben wir es hier mit einer Erscheinung zu tun, die sich auch in anderen europäischen Argots nachweisen läßt. Das Rotwelsch ist, wie bereits Avé-Lallemant bemerkt hat, »eine im allmählichen Verlauf der Zeit und des Volksverkehrs aus allen Ecken und Enden des Landes zufällig zusammengebrachte, aber nach dem Prinzip der Nützlichkeit mit kluger Auswahl gesichtete und mit zäher Treue bewahrte traditionelle Wortmenge.«

Zu den wichtigsten Wortbildungsmöglichkeiten aus deutschem Substrat zählt zweifellos der Bedeutungswechsel. In einer geheimen Sondersprache werden so Wörter, die auch in der Gemeinsprache gebräuchlich sind, in anderer, häufig radikal geänderter Bedeutung benutzt. Dabei zeigt sich eine Vorliebe für metaphorische Umschreibungen von Personen, Dingen und Vorgängen. Auch im *Liber vagatorum* lassen sich in diesem Falle bestimmte Bezeichnungsmuster, die dann im späteren Rotwelsch außerordentlich produktiv waren, erkennen:

Teil: *floßling*/‚Fisch' zu mhd. flozze/‚Flosse'
Eigenschaft: *schwertz*/‚Nacht' zu mhd. swerze/‚Dunkelheit'
Bewegung: *streifling*/‚Hose' zu mhd. streifen/‚(über-)ziehen'
Tätigkeit: *roll*/‚Mühle' zu mhd. rollen/‚hin und her bewegen' (Anspielung auf das Drehen des Mühlrads)
Ursache: *funckhart*/‚Feuer' zu mhd. vunke/‚Funke'

Viele solcher Umschreibungen beruhen auf volkstümlichen Redewendungen und folkloristischen Vorstellungen, so zum Beispiel die Bezeichnung für ‚Hut'/*wetterhan*, in Anspielung auf die Kopfbedeckung, die das Wetter (Regen oder Sonnenschein) anzeigt. In diese Kategorie fallen auch die rotwelschen Ausdrücke *wintfang*/‚Mantel' und *iltis*/‚Bettelvogt'.

Wo bereits vorhandene Formen nicht ausreichen, die Bedeutung eines Wortes zu verhüllen, wurden durch die in der Gemeinsprache üblichen Wortbildungsprinzipien (hauptsächlich Zusammensetzung und Ableitung) neue Bezeichnungen gebildet.

Bei den zusammengesetzten Substantiven lassen sich zwei Hauptgruppen unterscheiden: 1. Zusammensetzungen mit rein deutschen Gliedern (z.B. *lißmarckt*/‚Kopf' aus mhd. lûs/‚Laus' + market/‚Marktplatz'); 2. gemischte (hybride) Komposita nach deutschem Wortbildungsmuster (z.B. *sefelgraber* aus hebräisch-aramäisch zevel/‚Mist' + graber/‚Graber'). Beim zweiten Typ ist im Rotwelsch des Liber vagatorum vor allem das vom Lateinischen facere/‚machen' abgeleitete Wortelement *fetzer* aktiv. Mit ihm werden z.B. Berufsbezeichnungen wie *rollfetzer*/‚Müller', *briefelvetzer*/‚Schreiber' und *fladerfetzer*/‚Bader' gebildet. In die erstgenannte Gruppe gehören z.B. die determinativen Zusammensetzungen, die aus einem voranstehenden (untergeordneten) Bestimmungswort und einem nachstehenden (übergeordneten) Grundwort bestehen. Das Grundwort gibt wie in der Gemeinsprache immer den weiteren Begriff an, der dann durch das Bestimmungswort näher eingegrenzt wird. Dabei lassen sich im Liber vagatorum folgende Klassen für das Bestimmungswort feststellen:
Charakterisierung: *wunneberg*/‚hübsche Jungfrau' (aus mhd. wunne/‚Freude' + mhd. berc/‚Berg')
Zweck: *wetterhan*/‚Hut'
Bestandteil: *hornbock*/‚Kuh' (aus mhd. horn/‚Horn' + mhd. boc/‚Bock')
Richtung: *hymelstyg*/‚Vaterunser' (aus mhd. himmel/‚Himmel' + mhd. stic/‚Stiege')
Eigenschaft: *holderkautz*/‚Huhn' (aus mhd. holde/‚Getreuer' + mhd kûze/‚Eule')
Neben der Zusammensetzung ist es vor allem die Ableitung von deutschen Einzelwörtern, die im Rotwelschen besonders produktiv wurde. In den meisten Fällen handelt es sich um abgeleitete Substantive, die durch ein Suffix eine neue Bedeutung bekommen haben. Zu den charakteristischen Wortschöpfungsmöglichkeiten, welche den Gaunern bei der Ausbildung ihrer geheimen Sondersprache zur Verfügung standen, gehört die Auswahl bestimmter Suffixe, die in der Gemeinsprache oder in den Mundarten vorkommen, und ihre bevorzugte Verwendung (mit daraus sich ergebender Bedeutungsnuancierung). Besondere Erwähnung verdient in diesem Zusammenhang das Suffix ‚-ling', das im Neuhochdeutschen meist die Grundbedeutung ‚klein' (Däumling!) hat, aber auch im abwertenden Sinn (Schwächling!) verwendet wird. Im Rotwelsch fehlt diese Nebenbedeutung: hier werden mit ‚-ling' neue Wörter gebildet, denen gemeinsam ist, daß mit dem Basiselement auf eine charakteristische Eigenschaft oder Tätigkeit abgehoben, die Wortbedeutung aber durch das angehängte Suffix weitgehend verschleiert wird. Im Liber vagatorum werden auf diese Weise Bezeichnungen aus folgenden Wortfeldern gebildet:

Tiere und Pflanzen: *floßling*/‚Fisch', *krachling*/‚Nuß'
Personen: *schreiling, rauling*/‚Kind'
Körperteile: *dierling*/‚Auge', *lüßling*/‚Ohr'
Kleidungsstücke: *dritling*/‚Schuh'
Dinge: *ribling*/‚Würfel'
Münzsorten: *blechling*/‚Kreuzer', *speltling*/‚Heller'
Zwar ist in all diesen Fällen die Etymologie schnell hergestellt, doch reicht die so erzielte Verfremdung aus, um in der normalen Gesprächssituation, welche die Bekanntheit mit den Wortbildungsprinzipien voraussetzt, die Unverständlichkeit solcher mit rein deutschen Elementen gebildeten Wörter zumindest kurzfristig sicherzustellen.
Fast ebenso häufig wie das Ableitungssuffix ‚-ling' ist im Rotwelsch des Liber vagatorum die Substantivendung ‚-hart' vertreten, die heute im Deutschen nicht mehr produktiv ist. Sie findet sich vor allem für Sach- und Tierbezeichnungen: *glathart*/‚Tisch', *fluckart*/‚Huhn'. Es handelt sich dabei wohl um eine Analogiebildung zu Wörtern, die in der Gemeinsprache und besonders in den Mundarten im zweiten Glied den Teil eines Eigennamens aufweisen (z.B. zum Personennamen Seibold, (thüring.) Buffert/‚Kartoffelpuffer' zu Personennamen wie Gerhart).
Wie aus den bisherigen Ausführungen bereits deutlich geworden sein dürfte, besitzt das Rotwelsch keine eigenständige Syntax, sondern benutzt das grammatische System der deutschen Standardsprache oder das eines bestimmten deutschen Dialekts. Die Sprecher dieser Sondersprache tauschten lediglich die für das Satzverständnis wichtigen Satzglieder (vor allem Nomina) aus. Entsprechend liegt der Anteil der Substantive im Wortschatz des Liber vagatorum (ca. 75 Prozent) höher als beispielsweise der Anteil dieser Wortart am Gesamtwortschatz des Deutschen (dort ca. 50—60 Prozent).
Allerdings konnte eine Geheimsprache nicht gänzlich auf autochthone Elemente aufbauen. Vielmehr ergab sich schon durch häufige Sprachkontakte auf der Landstraße eine willkommene Gelegenheit, durch Entlehnungen aus anderen Sprachen den eigentümlichen Wortschatz noch weiter zu verfremden. Als nahezu unerschöpfliche Fundgrube erwies sich die jüdische Volkssprache mit ihrem relativen Reichtum an hebräisch-aramäischen Elementen, die nach einer neuen Theorie (David Katz) nicht durch das Studium alter Texte im Zusammenhang mit dem jüdischen Kultus, sondern als lebendige Bestandteile der jüdischen Umgangssprache in der »Ashkenaz« (wie das deutsche Siedlungsgebiet der Juden seit dem frühen Mittel-

alter genannt wurde) von altersher vorhanden waren. Doch ist es nicht die Sprache der jüdischen Händler und Pfandleiher, die von christlichen Gaunern und Bettlern übernommen wurde, sondern die ebenfalls mit Hebräizismen durchsetzte Umgangssprache der sogenannten ‚Schalantzjuden' (so nannte man die auf Bettel angewiesenen niederen Schichten des jüdischen Volkes), die den christlichen Weggefährten und Schicksalsgenossen als reichlich fließende Quelle zur Verfügung stand. Gerade unter den nichtseßhaften Schichten der Bevölkerung war die ansonsten im Mittelalter verbreitete und gesetzlich geförderte Berührungsangst so gut wie unbekannt. Im Gegensatz zum Bürgertum, dem die kulturelle und religiöse Welt hinter den Ghettomauern verborgen blieb, hatten die christlichen Fahrenden intensiven Kontakt mit dem sozial ebenfalls deklassierten jüdischen Vagantentum, das aus bettelnden Talmudstudenten, umherziehenden Rabbinern und Spielleuten bestand. Noch gab es allerdings nicht den im 18. Jahrhundert häufig in Literatur und Wirklichkeit anzutreffenden jüdischen Räuberhauptmann mit seinen christlichen Spießgesellen, doch lassen sich zum Teil bereits für das Spätmittelalter christlich-jüdische »Gemeinschaftsunternehmungen« bei Delikten wie Raub, Mord und Diebstahl nachweisen. Nicht zu vergessen sind auch die Kontakte, die sich im Prostituierten-Milieu zwischen Juden und Christen ergaben. Zu dieser aus Christen und Juden zusammengesetzten kriminellen Unterwelt, die sowohl in den Städten als auch auf dem Lande ihr Unwesen trieb, gehörte auch der getaufte Jude Hans von Straßburg. Wie der sprachliche Entlehnungsvorgang im einzelnen vor sich gegangen ist, entzieht sich unserer Kenntnis. Rudolf Glanz, dem wir zahlreiche Aufschlüsse über die Nahtstellen zwischen den niederen Schichten der christlichen und jüdischen Bevölkerung verdanken, hat in diesem Zusammenhang einmal treffend von dem »Unterricht der Namenlosen» gesprochen.

Die aus hebräischen Stämmen gebildeten rotwelschen Verben lassen sich vier verschiedenen Gruppen zuordnen:
1. Vollständige Übernahme der drei hebräischen Stammkonsonanten; z.B. *acheln* zu hebr.-aram. 'axal/‚essen'.
2. Entlehnung zweier Stammkonsonanten unter Hinzufügung eines stammfremden Lautes: z.B. *jonen* zu hebräisch honah/‚betrügen'.
3. Hebräische Wörter verschiedenster grammatischer Herkunft, die sich völlig dem deutschen Verbmuster angeglichen haben, z.B. *kimmern* zum hebr.-aram. Substantiv knija/‚Kauf'.
4. Syntaktisch gefügte Wortgruppen aus hebräischem Substantiv und deutschem Verb, z.B. *uff den keimen gehen*/‚sich als Taufjude ausgeben' (zu dem auf hebräische Wurzeln zurückgehenden jüdischen Vornamen Chaim).

Die aus hebräischen Wörtern gebildeten rotwelschen Substantive gliedern sich dagegen wie folgt:
1. in Form und Bedeutung kaum veränderte hebräische Substantive, z.B. *adone/*‚Gott' zu hebr.-aram. adonai/‚Gott'.
2. Entlehnungen mit Bedeutungsveränderung z.B. *galch/*‚Priester' (zu hebr.-aram. galax/‚Kahlgeschorener').
3. Hebräisches Substantiv und deutsches Ableitungssuffix, z.B. *ganhart/*‚Teufel' (zu hebr.-aram. gehinom/‚Hölle').
4. Im Hebräischen nicht übliche Zusammensetzungen, z.B. *lymdrüschel/* ‚Brotbettler' (zu hebr.-aram. lexem/‚Brot' und daras/‚fordern').
5. Volksetymologisch verdeutlichte hebräische Substantive, z.B. *joham/*‚Wein' unter Einfluß des christlichen Vornamens Johann).

Neben Spieltrieb, allgemeinen Abschleifungserscheinungen und Vereinfachungstendenzen spielt im Entlehnungsprozeß aus der jüdischen Volkssprache (wie auch in dem anderer Fremdsprachen) die Volksetymologie eine bedeutende Rolle. So erscheinen beispielsweise zahlreiche rotwelsche Wörter hebräischen Ursprungs im Liber vagatorum ganz oder teilweise in der Gestalt bekannter, klangähnlicher Wörter des Mittel- oder Frühneuhochdeutschen, wie zum Beispiel *meß/*‚Geld' (nicht zu fnhd. meß/‚Messing', sondern zu hebr.-aram. ma'ot/‚Kleingeld'), *sonneboß/* ‚Hurenhaus' (nicht zu dt. Sonne, sondern zu hebr.-aram. zona/‚Hure' und bajit/ ‚Haus').

Eine vollständige Analyse eines rotwelschen Wortschatzes, wie er uns im Text und Glossar des Liber vagatorum entgegentritt, bringt neben Entlehnungen aus der hebräisch-aramäischen Komponente der jüdischen Volkssprache noch weitere fremdsprachliche Elemente an den Tag, wenn sie auch quantitativ nicht denselben Rang einnehmen. In erster Linie sind hier das Niederländisch-Flämische und das Mittellatein zu nennen.

Der hohe Anteil des klerikalen Proletariats an den Fahrenden im Mittelalter, über den wir aus den Quellen und Selbstzeugnissen jener Zeit relativ gut informiert sind, erklärt den Einfluß des Vulgärlateins auf die Sprache der Bettler und Gauner. Es finden sich beispielsweise Ausdrücke wie *rübolt/*‚Vagant' (aus mlat. ribaldus) und *vantis/*‚Kind' (verstümmelte Genitivform von mlat. infans), die zweifellos dem rohen Mönchslatein des späten Mittelalters entnommen worden sind. Auch trifft man — wenigstens rudimentäre lateinische Sprachkenntnisse voraussetzend — metaphorische und metonymische Wortschöpfungen an, wie z.B. in rotwelsch *bonus dies/*‚Hut' (aus der weitverbreiteten lateinischen Grußformel) und in *christian/*‚Pilger' (lat. Adjektivbildung zum griechischen Lehnwort Christos).

Eher einer Erklärung bedarf dagegen der Einfluß des Mittelniederländischen auf die niederdeutsche Fassung des *Liber vagatorum*. Daß niederländische Wörter überhaupt in die deutsche Gaunersprache eindringen konnten, zeigt, wie sehr sich die »Schwestersprache« des Deutschen bereits zu Beginn der Neuzeit verselbständigt hatte. Entlehnungen finden sich vor allem für Personenbezeichnungen (*baeß/* ‚Mann', verallgemeinernd zu nl. *baas/* ‚Familienvater') und Benennung von Körperteilen (*Bollement/* ‚Haupt' zu mnl. *bol/* ‚Kopf').

Dagegen ist der Einfluß der Zigeunersprache auf das im *Liber vagatorum* überlieferte rotwelsche Vokabular, wie bereits kurz erwähnt, kaum von Bedeutung und erreicht bei weitem nicht den hohen Anteil, der so typisch für spätere Rotwelsch-Soziolekte (z.B. das von H.G. Lerch untersuchte *Jenisch* in Gießen) ist. Lediglich vereinzelt stößt man im frühneuhochdeutschen Gaunerbüchlein auf Wörter aus dem Romani, wie zum Beispiel *moel/* ‚tot' (zu zig. *mulo/* ‚tot') oder *diern/* ‚sehen' (zu zig. *diar/* ‚sehen'). In vielen Fällen ist die von S.A. Wolf vermutete Entlehnung aus der Zigeunersprache eher zweifelhaft, wenn auch häufig keine andere überzeugende Etymologie geboten werden kann. Die Wortgeschichte des Rotwelschen läßt keinen Zweifel daran, wie vielfältig die Einflüsse waren, die im Laufe der Zeit sich bei der Ausbildung eines sondersprachlichen Wortschatzes in der einen oder anderen Form bemerkbar machten. Die Sprache der Bettler und Gauner ist somit auch ein Spiegelbild der heterogenen Zusammensetzung der nichtseßhaften Schichten der mittelalterlichen Gesellschaft. Nicht ein Einzelner hat sich diese Geheimsprache ausgedacht, sie ist vielmehr ein Produkt der anonym bleibenden Masse des Vagantentums. Dabei kam es nicht so sehr auf die formelle Bildung an als auf Freude am Wortspiel, die quer durch alle gesellschaftlichen Schichten geht. Natürlich mußten die spezielle Motivation und der soziale Nährboden hinzukommen, damit eine auf Geheimhaltung zielende Sondersprache entstehen konnte. Ihre Schöpfer werden uns für immer unbekannt bleiben. Doch gilt es hier an August Friedrich Pott zu erinnern, der 1845 über die europäischen Gaunersprachen treffend bemerkte: *Es sind nicht die schlechtesten Köpfe, denen sie ihren Ursprung verdanken, diese Denkmale eines [...] glänzenden Scharfsinns und einer ihn befruchtenden Einbildungskraft voll der kecksten Sprünge und lebhaftesten Bilder; und an dieser beiden Schöpfung hat sich überdem oft sprudelnder Witz [...] beteiligt, der [...] fast immer durch Kühnheit, so auch häufig durch die schlagende Richtigkeit seiner blitzartig ins Licht gesetzten Beobachtungen überrascht und fesselt.*

Wer iezmaln dem gelt lochen vnd etwas dergstalt verdienen wil.
Muoſz ryſſen Seltzam poſen vnd täglich bringen nuwe ſpil.

Spielleute aus dem 16. Jahrhundert.
Kupferstich von Lorenz Strauch (1554—1636) Nürnberg, Germanisches Museum.

Auswahlbibliographie

zu: Der Prototyp eines Vaganten.

Jaritz, Gerhard: Probleme um ein Diebsgeständnis des 15. Jahrhunderts, in: 21. Jahrbuch des Musealvereins Wels 1977/78, S. 77—86).
Jütte, Robert: Abbild und soziale Wirklichkeit des Bettler- und Gaunertums zu Beginn der Neuzeit. Sozial-, mentalitäts- und sprachgeschichtliche Studien zum *Liber vagatorum* (1510) Buchmanuskript (im Druck).
Irsigler, Franz/Lassotta, Arnold: Bettler und Gaukler, Dirnen und Henker. Randgruppen und Außenseiter in Köln 1300—1600, Köln 1984
Müller, L.: Aus fünf Jahrhunderten. Beiträge zur Geschichte der jüdischen Gemeinden im Riess, in: Zeitschrift des historischen Vereins für Schwaben und Neuburg 25 (1898), S. 1—124.
Scribner, Robert W.: Mobility: Voluntary or Enforced? Vagants in Württemberg in the Sixteenth Century (Aufsatzmanuskript).
Spiegel, Nikolaus: Gelehrtenproletariat und Gaunertum vom Beginn des XIV. bis zur Mitte des XVI. Jahrhunderts, Schweinfurt 1902.
Wolf, Albert: Fahrende Leute bei den Juden, in: Mitteilungen zur jüdischen Volkskunde 27 (1908), S. 89—96; 28 (1908), S. 150—156; (1909), S. 4—29, 40—62, 90—94.

zu: Rotwelsch — die Sprache der Bettler und Gauner.

Glanz, Rudolf: Geschichte des niederen jüdischen Volkes in Deutschland. Eine Studie über historisches Gaunertum, Bettelwesen und Vagantentum, New York, 1968.
Götze, Alfred: Rotwelsch, in: Neue Jahrbücher für das klassische Altertum, Geschichte, deutsche Literatur und Pädagogik 7 (1901), S. 584—592.
Kluge, Friedrich: Rotwelsch. Quellen und Wortschatz der Gaunersprache und der verwandten Geheimsprachen, Bd.1, (mehr nicht erschienen): Rotwelsches Quellenbuch, Straßburg 1901.
Jütte, Robert: Sprachsoziologische und lexikologische Untersuchungen zu einer Sondersprache. Die Sensenhändler im Hochsauerland und die Reste ihrer Geheimsprache, Wiesbaden 1978.
Wagner, Josef-Maria: Rotwelsche Studien, in: Archiv für das Studium der neueren Sprachen und Literaturen 18 (1863), S. 197—246.
Wolf, Siegmund A.: Rotwelsch. Die Sprache sozialer Randgruppen, in: Osnabrücker Beiträge zur Sprachtheorie 16 (1980), S. 71—82.

Bildnachweis:

Seite 7: Salomon Savéry: Ein Stelzfuß; Kunstsammlung Veste Coburg.
Seite 43, 63, 97, 102: Edward Viles, F.J. Furnivall: The Rogues and Vagabonds of Shakespeares Youth, London 1880.
Seite 79: Bettlergruppe, Titelblatt einer der ersten Ausgaben des *Liber vagatorum*.
Seite 80: 1. Seite des *Liber vagatorum* (nach einem Exemplar in der Berliner Königlichen Bibliothek).
Seite: 105: Aus Sebastian Brant »Das Narrenschiff«, Holzschnitt der Erstausgabe, Basel 1494.
Seite 109: Ausschnitt aus einem Stich nach Lucas van Leyden, Fahrendes Volk, Staatliche Museen Preußischer Kulturbesitz, Berlin.
Seite 112: Vindler, Buch der Tugend, Augsburg, Blaubirer, 1486
Seite 113: Bettler empfängt eine Gabe. Holzschnitt aus: Passionael efte dat levent der hylligen. Lübeck, Stephan Arndes, 1507.
Seite 115: Kupferstich, ca. 1470, Kupferstichkabinett Dresden.
Seite 117: Stich von Georg Hirth, Bildarchiv der Österreichischen Nationalbibliothek, Wien.
Seite 129: Buchstabe X, gebildet aus Psalterionspieler, Blaterpfeifer, Hornbläser, Glockenspieler, Kupferstich 1466.
Seite 133: Titelblatt einer Schrift über den Betrüger Hans Vatter von Melingen. Nürnberg 1562